RĒSEAUTAGE
D'AFFAIRES :
MODE DE VIE

Les Éditions Transcontinental inc.
1100, boul. René-Lévesque Ouest
24e étage
Montréal (Québec) H3B 4X9
Tél. : (514) 392-9000
1 800 361-5479
www.livres.transcontinental.ca

Les Éditions de la Fondation de l'entrepreneurship
55, rue Marie de l'Incarnation
Bureau 201
Québec (Québec) G1N 3E9
Tél. : (418) 646-1994, poste 222
1 800 661-2160, poste 222
www.entrepreneurship.qc.ca

Distribution au Canada
Les messageries ADP
1261A, rue Shearer, Montréal (Québec) H3K 3G4
Tél. : (514) 939-0180 ou 1 800 771-3022
adpcommercial@sogides.com

Distribution en France
Géodif Groupement Eyrolles — Organisation de diffusion
61, boul. Saint-Germain 75005 Paris FRANCE – Tél. : (01) 44.41.41.81

Distribution en Suisse
Servidis S. A. – Diffusion et distribution
Chemin des Chalets CH 1279 Chavannes de Bogis SUISSE – Tél. : (41) 22.960.95.10
www.servidis.ch

Catalogage avant publication de la Bibliothèque nationale du Canada
Cardinal, Lise, 1936-
Réseautage d'affaires : mode de vie
2e éd. rev. et enrichie.
(Collection Entreprendre)
Comprend des réf. bibliogr.
Publ. en collab. avec: Fondation de l'entrepreneurship.
ISBN 2-89472-254-0 (Éditions Transcontinental)
ISBN 2-89521-072-1 (Fondation de l'entrepreneurship)

1. Réseaux d'affaires. 2. Réseaux sociaux. 3. Entrepreneuriat. 4. Marketing relationnel.
I. Duhamel, Roxane. II. Fondation de l'entrepreneurship. III. Titre. IV. Collection: Entreprendre
(Montréal, Québec).

HD69.S8C375 2004   650.1'3   C2004-941193-4

Révision : Diane Grégoire
Correction : Julie Robert
Photo des auteures en couverture arrière : Toulouse Jodoin Artistes Photographes © 2004
Mise en pages et conception graphique de la couverture : Studio Andrée Robillard

La forme masculine non marquée désigne les femmes et les hommes.

Réseautage d'affaires : mode de vie est une nouvelle édition mise à jour et considérablement enrichie de *Réseautage d'affaires : mode d'emploi,* paru en 2000 chez le même éditeur.

Imprimé au Canada
© Les Éditions Transcontinental inc. et Les Éditions de la Fondation de l'entrepreneurship, 2004
Dépôt légal — 3e trimestre 2004
Bibliothèque nationale du Québec
Bibliothèque nationale du Canada
ISBN 2-89472-254-0 (Transcontinental)
ISBN 2-89521-072-1 (Fondation)

Nous reconnaissons, pour nos activités d'édition, l'aide financière du gouvernement du Canada, par l'entremise du Programme d'aide au développement de l'industrie de l'édition (PADIÉ), ainsi que celle du gouvernement du Québec (SODEC), par l'entremise du programme Aide à la promotion.

Lise Cardinal

avec **Roxane Duhamel**

RÉSEAUTAGE
D'AFFAIRES :
MODE DE VIE

Les Éditions
Transcontinental

LES ÉDITIONS DE LA FONDATION DE
l'entrepreneurship

FONDATION DE
l'entrepreneurship

La **Fondation de l'entrepreneurship** s'est donné pour mission de promouvoir la culture entrepreneuriale, sous toutes ses formes d'expression, comme moyen privilégié pour assurer le plein développement économique et social de toutes les régions du Québec.

En plus de promouvoir la culture entrepreneuriale, elle assure un support à la création d'un environnement propice à son développement. Elle joue également un rôle de réseauteur auprès des principaux groupes d'intervenants et poursuit, en collaboration avec un grand nombre d'institutions et de chercheurs, un rôle de vigie sur les nouvelles tendances et les pratiques exemplaires en matière de sensibilisation, d'éducation et d'animation à l'entrepreneurship.

La Fondation de l'entrepreneurship s'acquitte de sa mission grâce à l'expertise et au soutien financier de plusieurs organisations. Elle rend un hommage particulier à ses **partenaires** :

AVANT-PROPOS

Je me suis abreuvée à plusieurs sources pour la rédaction de cet ouvrage : articles, rapports, sites Internet et, bien sûr, de nombreux livres, que vous trouverez dans la bibliographie. Bien que je n'endosse pas toujours la philosophie de certains des auteurs consultés, je leur suis reconnaissante de m'avoir éveillée à certaines situations et réalités et de m'avoir permis de prendre connaissance de leur expérience. De ces consultations, je n'ai finalement conservé que ce qui correspondait le plus au « réseautage responsable et durable », qui est devenu pour moi, au fil des ans, un véritable mode de vie.

J'ai aussi pu bénéficier, pour la préparation de ce livre, de l'expertise de Roxane Duhamel, auteure, formatrice agréée de Lise Cardinal et associés, et spécialiste de la communication et du marketing de soi. Sans son engagement, sa ténacité et son sens de l'organisation, ce livre serait encore à l'état de projet.

Bien que je trouve toujours plus facile de prendre la parole que d'écrire, je n'ai ménagé aucun effort pour m'assurer que cet ouvrage contient tout ce dont les lecteurs ont besoin pour réussir en affaires. Les paroles s'envolent, les écrits restent.

Je crois avoir réussi à constituer une véritable bible du réseautage responsable et durable à l'intention du plus grand nombre : les personnes en recherche d'emploi comme les travailleurs de longue date, les jeunes diplômés, les travailleurs autonomes et les gestionnaires de PME ou de grande entreprise, qu'ils soient membres ou non de réseaux formels.

Si vous retenez facilement le nom de vos interlocuteurs, si vous arrivez à passer élégamment du bavardage aux sujets brûlants d'actualité et si, enfin, vous êtes à l'aise en société et arrivez à instaurer rapidement cette confiance qui auréole les joueurs importants, l'art du réseautage n'a probablement plus de secrets pour vous. Vous savez sans doute d'emblée poser les bonnes questions, êtes capable d'écoute active et maîtrisez les subtilités de l'étiquette des affaires... Dans ce cas, ce livre vous permettra de transmettre votre savoir-faire à vos collaborateurs ainsi qu'aux membres de votre famille ou de votre réseau.

Si, à l'inverse, vous craignez d'être trop entreprenant dans vos démarches de réseautage ou trop passif en certaines circonstances, alors vous tenez l'outil qu'il vous faut. Il vous aidera si vous avez l'impression que votre timidité est palpable et si être en compagnie d'étrangers vous pose de grands défis. Les personnes réservées ont souvent l'impression que leur conversation n'intéresse personne. Elles ont du mal à exprimer clairement leurs besoins et leurs attentes, et ont parfois du mal à saisir les règles du jeu. *Réseautage d'affaires : mode de vie* constituera pour eux, je l'espère, un tremplin efficace.

Enfin, Roxane et moi aimerions remercier les gens qui ont participé à nos ateliers et assisté à nos conférences, de même que les habitués du site www.lisecardinal.com, qui ont si généreusement partagé leurs états d'âme avec nous. Vous profiterez de leur expérience tout autant que de la nôtre. Mes remerciements vont également à Jean Paré, mon éditeur favori, qui m'a suivie et encouragée tout au long de la rédaction de ce livre. Intelligent et efficace, Jean m'a permis de travailler dans la joie et de préserver mon authenticité. Pour reprendre l'une de ses expressions favorites, travailler avec lui, c'est du bonbon !

Je souhaite que vous puissiez profiter du fruit de nos efforts. Bonne lecture et bon réseautage !

Lise Cardinal
Juillet 2004

TABLE
DES MATIÈRES

ANNEXE

1

L'APPROCHE ENTREPRENEURIALE

Vous espérez prospérer et réussir votre vie en dépit d'un environnement en perpétuel changement? Sachez que vous pouvez doubler vos chances de succès en ayant un réseau d'affaires durable et en prenant l'initiative de gérer votre carrière. Vous êtes la meilleure ressource capable d'orienter et de contrôler votre avenir personnel et professionnel.

Dorénavant, peu importe votre statut professionnel (entrepreneur, gestionnaire, fonctionnaire, professionnel, employé ou travailleur indépendant), vous devez vous considérer comme le propriétaire unique de MOI inc. Vous devez vous voir comme une entreprise dotée d'une marque de commerce personnelle. Vous offrez un produit ou un service de qualité. Vous proposez une valeur unique à des clients internes ou externes. Il n'y a pas d'autre avenue : vous devez faire votre propre promotion, vous vendre, quoi!

Que vous l'ayez voulu ou que ça vous ait été imposé par les circonstances, vous êtes entrepreneur. Certainement bien résolu à tirer votre épingle du jeu en vous chargeant de votre destinée professionnelle ou en commercialisant votre idée extraordinaire. Vous êtes encore à l'emploi d'une société ? On s'attend à ce que vous deveniez intrapreneur. Dans bien des cas, finis le développement de carrière assuré par l'employeur, la sécurité d'emploi et la montée des échelons jusqu'au ciel.

Votre vie professionnelle mérite que vous vous en occupiez sérieusement. D'abord parce que le travail accapare une grande partie de votre temps et contribue à votre sécurité financière, mais davantage parce que la société valorise **ceux qui réussissent**. Vous n'avez pas le choix : vous devez adopter et maîtriser l'approche entrepreneuriale. Vous devez prendre en main la gestion de votre avenir.

Qu'est-ce qui fait votre renommée ?

Votre nom et votre réputation sont votre vitrine dans le milieu que vous fréquentez. Ce que votre nom et votre réputation évoquent pour les gens qui vous entourent est un élément clé de votre succès et, par la même occasion, de votre réseautage. Ce n'est pas un hasard si de nombreux athlètes, célèbres pour leurs succès, leur persévérance et leur entregent, ont été rapidement reconnus comme des gens d'affaires avertis. Pensons à l'ex-cycliste Louis Garneau, à l'étoile du basket-ball Magic Johnson et à l'ancienne championne et pionnière du golf féminin Jocelyne Bourassa, qui font leur marque dans le milieu des affaires. Ou encore au casse-cou de ski acrobatique Jean-Luc Brassard, à la plongeuse Sylvie Bernier et au patineur de vitesse Marc Gagnon, des champions olympiques qui font maintenant carrière en communication.

Faute de porter un nom auréolé de gloire, plusieurs personnes utilisent comme vitrine personnelle le nom et la réputation de l'entreprise pour laquelle elles travaillent. C'est rapide, simple et rassurant pour elles d'être identifiées à Bell, IBM, Nestlé ou Alcan mais, malheureusement, leur crédibilité est à reconstruire chaque fois qu'elles changent d'employeur. L'Américain Tom Peters, l'un des gourous de la nouvelle économie, met en garde les salariés : être identifiés à une entreprise ne suffit plus à les définir. Son discours est à la base du marketing de bouche à oreille et du réseautage, deux concepts qui seront traités abondamment dans cet ouvrage.

Lorsque vous travaillez à promouvoir votre image, tout ce que vous faites (ou négligez de faire) révèle quelque chose sur vous, sur votre personnalité et sur vos valeurs. Vous avez la réputation d'être toujours en retard? Vous ne participez jamais aux activités sociales organisées par votre employeur? Vous ne terminez jamais ce que vous avez commencé? Vous ne rappelez pas rapidement les gens qui vous laissent des messages? Demandez-vous si vous voulez qu'on retienne votre nom pour ces raisons. Chose certaine, si vous croyez que votre poste actuel ne requiert pas de vous un comportement exemplaire, rassurez-vous: votre situation ne changera pas de sitôt.

N'allez pas croire que vous avez besoin du budget d'une multinationale pour élaborer votre marque ou vous faire connaître! Avec MOI inc., pas de recherche compliquée ni de coûts faramineux en enregistrement ou en développement de marque ou de raison sociale. Vous avez hérité d'un nom à la naissance. Il traîne dans son sillage votre historique et votre réputation. Il vous appartient de lui faire prendre du galon.

Est-ce que votre marque personnelle incarne ce que vous êtes devenu? Lorsque vous vous nommez, au téléphone par exemple, est-ce qu'une majorité de gens savent à qui ils parlent? Est-ce que votre visage leur vient facilement à l'esprit? On ne vous a jamais rencontré, mais on a entendu parler de vous. Est-ce qu'on a une bonne idée de ce que vous représentez? De la façon dont vous faites les choses?

Non seulement votre nom et votre réputation vous suivent, souvent, **ils vous précèdent.** Combien de fois vous êtes-vous présenté à de nouvelles personnes, de nouveaux collègues, des membres d'une association ou des clients potentiels, et, avant même de leur avoir mentionné ce que vous faites pour gagner votre vie, on vous a dit : « On m'a parlé de vous » ? Les personnes qui porteraient le même nom qu'un criminel notoire, comme Jacques Mesrine, ou d'un fraudeur même fictif, comme Arsène Lupin, pourraient en être incommodées. Celles qui portent actuellement le nom d'une personnalité publique, telle que Maurice Richard, Jeanne Sauvé ou Robert Bourassa, vous diront à quel point un nom peut demeurer longtemps dans l'esprit des gens.

Nous vivons dans un bien petit monde. Assurez-vous que votre nom y demeure pour les bonnes raisons. Vous ne savez jamais qui, où et quand quelqu'un parlera de vous. Lors d'une de mes conférences en Suisse, un homme de l'auditoire m'apprend qu'une thérapeute origi-naire de Montréal l'avait récemment mis au courant de ma tournée là-bas. Nous ne nous connaissions pas, mais un de ses clients mont-réalais lui avait fait part de mon prochain voyage. Nous partions toutes deux pour la même destination, mais pour des raisons profes-sionnelles différentes.

En affaires comme en réseautage, on achète une marque. À l'instar des marques « commerciales », MOI inc. doit demeurer dans l'esprit des membres de votre réseau et créer l'effet multiplicateur qui fera en sorte que vos clients potentiels adopteront et recommanderont votre marque, et ce, pendant longtemps.

Votre marketing personnel

Toute personne désireuse d'améliorer sa situation, de gérer sa carrière ou d'agrandir son réseau doit faire son marketing personnel. L'idée consiste à appliquer les techniques de marketing à soi-même : con-naître sa personnalité et définir son service, promouvoir celui-ci et le vendre à la clientèle cible afin d'assurer son développement d'affaires.

Qui vous connaît ?

Il n'est pas rare d'entendre un professionnel dire : «J'excelle dans ce que je fais, mais comment le faire savoir ? » ou « Comment m'y prendre pour augmenter ma clientèle sans investir des sommes astronomiques en publicité ? » C'est un problème très répandu, surtout chez les petits entrepreneurs et les consultants. Ces derniers consacrent toute leur énergie au pain qu'ils ont sur la planche, à réaliser les projets et les mandats en cours. Malheureusement, ils négligent de consacrer du temps à la **recherche de clientèle** susceptible de leur apporter de nouveaux contrats. Plusieurs entreprises ont dû fermer leurs portes faute d'avoir investi dans la prospection.

Ils sont nombreux ceux qui, par mesure d'économie, hésitent à déléguer alors que certaines tâches administratives ou de comptabilité seraient accomplies plus rapidement et plus efficacement par des spécialistes. D'autres sont convaincus qu'ils sont les seuls à détenir la vérité ou la bonne façon de faire, qu'ils sont irremplaçables. Un rapide calcul des coûts leur démontrerait souvent qu'ils sont plus profitables sur le terrain à établir leur crédibilité et leurs compétences et à chasser le client. Rapporter des trophées de chasse régulièrement fait vivre son homme et son entreprise.

On engage des gens et non des firmes

Quelques années après s'être joint à un cabinet de relations publiques, Laurent envisage d'ouvrir sa propre boîte. Sachant que son employeur n'a jamais consacré de budget à la publicité, il décide de faire une petite analyse pour découvrir comment celui-ci a tout de même réussi à obtenir du succès. À son grand étonnement, il constate que :

• le président s'est hissé tranquillement aux rangs supérieurs de la chambre de commerce locale ;

• le vice-président a été nommé à un poste clé dans une commission régionale ;

- deux des associés principaux sont régulièrement cités comme experts dans les médias;

- ces mêmes associés donnent régulièrement des conférences devant des groupes de gens d'affaires;

- le cabinet participe régulièrement à des concours qui le placent sous les feux de la rampe.

C'est généralement dans des situations spéciales qu'on fait appel à un cabinet de relations publiques. Alors, quand il le faut, à qui pense-t-on d'abord? Il y a de fortes chances qu'on aille vers un groupe qui, par la compétence et la visibilité de ses membres, est connu et crédible dans le milieu qu'on fréquente.

Même si votre firme embauche des dizaines de personnes, ce sont elles et vous-même que vous devez vendre, et non la firme. La preuve, c'est que, fréquemment, on suit chez leur nouvel employeur le courtier en valeurs mobilières, le coiffeur ou le notaire avec qui on a établi une relation de confiance au cours des années.

Vous vous y connaissez peu en marketing ou encore, comme bien des gens, vous y percevez un aspect mercantile et profiteur? Vous êtes même mal à l'aise juste à la pensée de faire valoir vos services? N'oubliez jamais que de grands génies sont morts dans la plus totale obscurité faute de s'être fait connaître. Vous êtes fier de vos produits? Vos services sont à la hauteur? N'avez-vous pas tout intérêt à répandre la bonne nouvelle? À faire votre marketing personnel avec assurance et plaisir? Si vous désirez atteindre le succès, vous n'avez pas vraiment le choix. Alors, un peu de courage! Faire son marketing est tout à fait légitime, et ça s'apprend.

On peut sans doute vivre heureux loin des projecteurs, mais pour vivre tout court, c'est-à-dire gagner sa vie, vendre un produit ou se vendre soi-même, on n'a pas vraiment le choix : il faut se montrer. Vous pouvez vous sentir mieux dans votre atelier ou votre bureau, mais vous n'y êtes certainement pas plus rentable. Rappelez-vous qu'on achète l'individu d'abord, son service ensuite.

Le marketing des services est avant tout relationnel

Vous êtes rongé par la timidité ? Il vous est difficile de déterminer l'impact que vous avez sur votre entourage ? Assurez-en le contrôle en élaborant un plan et une stratégie marketing qui vous conviennent et qui vous mettent en valeur.

8 CONSEILS POUR AMÉLIORER VOTRE MARKETING RELATIONNEL

1 *Prenez le temps de définir qui vous êtes.* Quelles sont vos valeurs ? Alors que j'attendais qu'on prépare mon nouveau vélo, Jean-Pierre, le propriétaire de la boutique, m'expliquait que la bicyclette était son mode de transport principal depuis sa plus tendre enfance. Pour le plaisir de pédaler, pour se tenir en forme et pour contribuer, à sa modeste mesure, à la réduction de l'effet de serre. Il s'employait aussi à partager ses valeurs avec ses clients et son entourage. Sa passion était palpable.

2 *Déterminez ce que vous faites de mieux ou de différent de vos concurrents.* Jean-Pierre a tablé sur son expérience de cycliste, sa connaissance approfondie des bicyclettes et sa présence constante dans son commerce pour réussir en affaires. Les vendeurs et les techniciens qu'il recrute sont des cyclistes aguerris ; il assure leur formation car sa réputation est en jeu. Les clients viennent même des banlieues chez Cyclo et sont prêts à payer une prime parce qu'ils sont convaincus d'acheter le « bon » vélo et de profiter des meilleurs conseils.

3 *Déterminez votre marché cible et votre positionnement.* Jean-Pierre tient à encourager la pratique du vélo – individuelle ou en famille – à tout âge. Il offre une gamme de vélos et d'accessoires abordables et de bonne qualité, des services-conseils, la réparation et l'entreposage.

4 *Sachez exprimer clairement et succinctement votre offre.* Ce fier propriétaire se plaît à dire qu'il « offre aux cyclistes amateurs un service durable : des conseils fiables à l'achat et à l'usage, des produits adaptés à leurs besoins, les services qui vont leur permettre de les utiliser et de s'amuser longtemps ».

5 *Vendez-vous efficacement.* Ce commerçant se présente avec assurance en ces termes : « Jean-Pierre, propriétaire de Cyclo, la boutique incontournable pour qui recherche plus qu'un vélo. J'offre à mes clients les conseils de cyclistes chevronnés, des produits de qualité et les services complets de réparation, d'entretien et d'entreposage. »

6 *Livrez ce que vous avez promis, et même un peu plus.* Le propriétaire et son personnel, fervents cyclistes qui se donnent la peine de vérifier si leurs produits tiennent bien la route, sont en mesure de fournir des conseils fiables et à jour. La qualité des réparations et de l'entretien est réputée, et le bouche à oreille fait son œuvre. En plus, le site Internet de la boutique contient une rubrique de conseils alimentée régulièrement, et les questions y trouvent réponse en 48 heures ou moins.

7 *Faites parler de vous en participant à des concours, en prenant la parole devant des clients potentiels, en faisant du bénévolat, etc.* Depuis les débuts du Tour de l'Île de Montréal, l'équipe de Cyclo donne des conseils de mise en forme avant l'événement. De plus, elle est sur place pour réparer les vélos des participants. Les bénévoles adorent encourager leurs clients au passage !

8 *Évaluez régulièrement le degré de satisfaction de vos clients et adaptez votre stratégie selon les tendances.* Les jeunes employés de Jean-Pierre sont fiers d'avoir mis au point un service global de suivi. Grâce à un courriel de remerciement accompagné d'un bref questionnaire envoyé aux acheteurs de vélos, aux clients venus pour des réparations majeures ou de l'entreposage, le degré de satisfaction est sondé mensuellement. Suivant l'analyse des données, l'équipe cherche des solutions aux processus qui déçoivent ou irritent les clients.

Il est indispensable de VOUS faire connaître, de faire connaître la valeur supplémentaire liée au fait de VOUS choisir. Pour exister et prospérer, vous devez **communiquer ce qui vous caractérise.** Cela dit, rassurez-vous : le marketing s'apprend et se peaufine. Vous trouverez plusieurs conseils utiles et des pistes de réflexion au fil de votre lecture. Faites-vous aider au besoin. Pourquoi ne pas confier à quelques-uns de vos contacts que vous êtes en train de développer votre stratégie « MOI inc. » et solliciter leur aide pour tester vos idées et vos services ? Écoutez attentivement leurs réponses et voyez à ce qu'ils vous informent de la réaction des consommateurs et du marché auquel ils vous réfèrent.

Vous *êtes* le produit-service

Il est illusoire de tenter d'être tout pour tout le monde sous prétexte d'élargir votre champ d'activité et votre potentiel de revenus.

Ma coauteure, Roxane, a rencontré au cocktail de sa promotion en administration des affaires une consœur qu'elle avait perdue de vue depuis des années. Celle-ci s'est présentée comme consultante en communication, traductrice, photographe, professeure de yoga et naturopathe... et à un mois de l'obtention de son diplôme de conseillère en placements ! Depuis le temps, elle n'a certes pas chômé en ce qui a trait aux nouveaux apprentissages, mais les maîtrise-t-elle ? Sincèrement, Roxane hésiterait à lui confier la traduction de notre livre, encore moins ses économies. Je n'oserais pas la recommander non plus, ça, c'est certain !

Au départ, définissez-vous clairement comme une combinaison produit-service capable de répondre aux besoins du marché que vous avez ciblé. Celui dans lequel vous pouvez vous démarquer et apporter des bénéfices réels à vos clients. Par exemple, si sa collègue d'université s'était présentée en indiquant ce qui la fait vivre et lui avait dit qu'elle était « consultante en communication, spécialiste en lancement de nouveaux produits et en organisation d'événements pour une clientèle de PME », je suis convaincue que Roxane aurait été bien disposée à son endroit. Par la suite, elle aurait réalisé avec plaisir qu'elle n'avait pas changé : elle a plusieurs cordes à son arc et fait tout avec passion, comme en font foi ses passe-temps.

N'hésitez pas à demander l'avis honnête de vos contacts, collègues et fournisseurs sur vos performances et votre comportement, sur vos forces et faiblesses. Vous serez alors mieux en mesure d'orienter votre offre de service.

À titre d'entrepreneur, vous devez prendre la gestion de votre carrière en main, pour le reste de vos jours. Vous devenez responsable d'assurer votre visibilité, d'améliorer vos habiletés et compétences, de vous tenir à la fine pointe du savoir dans votre domaine, de conserver une longueur d'avance sur vos concurrents et de vous adapter aux besoins émergents de votre marché.

Bref, **vous investissez dans votre sécurité de *carrière*** et non plus dans votre sécurité d'*emploi*. Maintenant, comment le réseautage peut-il vous aider ? Joignez-vous aux groupes professionnels ou sectoriels susceptibles de faciliter votre collecte d'informations précieuses, de garder vos connaissances à jour et de relever les tendances du marché.

Faire votre promotion aux bons endroits

Dans mon livre *Comment bâtir un réseau de contacts solide*, j'ai insisté sur l'importance de savoir bien se présenter, de façon claire et facile à retenir. Je souhaite vous convaincre qu'on peut faire mieux encore. À cette fin, il faut faire le nécessaire pour que notre **entourage** puisse nous présenter aussi efficacement que nous le ferions nous-même.

La direction d'une entreprise est responsable de la façon dont ses employés parleront d'elle. Il en va de même pour les membres de votre famille, peu importe leur âge. Si vos parents, votre conjoint ou vos enfants ne savent pas comment vous gagnez votre vie, ils ne peuvent le dire aux autres. À vous de leur faire comprendre et de leur résumer, dans un langage qu'ils comprennent, la nature de votre travail et le type de clients que vous desservez.

Par exemple, Monsieur est représentant commercial national pour une entreprise d'équipement agricole, tandis que Madame exploite un casse-croûte dans un centre commercial. Quand on leur demande à quoi leurs parents gagnent leur vie, l'adolescent pourrait décrire le travail de ses parents assez facilement, tandis que le jeune de six ans serait capable d'une boutade bien naïve : «J'le sais pas, y sont jamais là!» Sûrement que les parents préféreraient : «Papa vend des tracteurs et Maman fait le meilleur café en ville!»

Vos clients ou vos supérieurs penseront tout naturellement à vous s'ils se sont forgé une haute opinion de vous. Il ne s'agit plus seulement de références mais de réputation. Il est nécessaire, pour cela, qu'on parle de vous en bien. Pas forcément dans les journaux à grand tirage, mais à tout le moins dans les cercles restreints : si on vous a vu à l'œuvre au sein d'une campagne de financement particulièrement réussie, si on a entendu votre conférence au dernier congrès de l'industrie, si des collègues qui ont travaillé avec vous ont louangé votre esprit d'équipe, etc., vous avez un indice de réseautage élevé.

La maîtrise d'un talent et la *certitude* que vous offrez le meilleur service ne suffisent pas à vendre ceux-ci. Si vous ne tablez que sur l'excellence de votre travail, vous échouerez. Accroître votre notoriété est votre meilleure stratégie pour recruter des clients. C'est pourquoi il est essentiel de projeter une image et une réputation qui attirent les références, les recommandations et le succès.

À moins de disposer d'un budget imposant, aucune campagne de publicité, de publipostage ou de télémarketing, encore moins la sollicitation au hasard (ou *cold calls*), ne vous apporteront les bénéfices d'un réseautage bien planifié.

Est-ce qu'on vous connaît ?

Quand vient le temps de créer une entreprise, d'élargir notre clientèle, d'obtenir un emploi ou simplement d'atteindre certains objectifs personnels, nous avons le réflexe d'aller vers les gens *que nous connaissons* alors que le succès repose beaucoup plus sur les gens *qui nous connaissent.*

Pour arriver à être connu, il vous faut être vu de façon soutenue par les personnes clés dont l'opinion ou la crédibilité sont susceptibles d'influencer votre gestion de carrière ou l'orientation de votre entreprise. Choisissez parmi les nombreuses occasions de visibilité celles qui vous mettront le plus en valeur et qui sont susceptibles de rejoindre le plus efficacement les gens et les secteurs que vous visez. En étant présent régulièrement et en faisant valoir vos talents et expertises, vous arriverez à démontrer ce dont vous êtes capable, à établir votre crédibilité et à inspirer confiance.

En tête de liste ? Votre adhésion à un groupe ou réseau professionnel ou paraprofessionnel. Voyez à le choisir en fonction de vos objectifs : les gens que vous désirez rencontrer, les activités de réseautage et la visibilité qu'ils offrent à leurs membres, l'information que vous pouvez partager ou y collecter, etc. Votre budget et votre disponibilité doivent également influer sur votre choix. Vous avez plus de temps que d'argent ? Prenez des responsabilités, offrez vos services pour faire partie de comités. Vous venez de joindre les rangs d'une nouvelle organisation et désirez vous intégrer et vous faire connaître rapidement ? Pourquoi ne pas participer au comité social qui organise les activités récréatives pour les employés ou à celui de la collecte de fonds annuelle pour une œuvre charitable ? Quel genre d'engagement vous ferait plaisir ? Quelles responsabilités vous permettraient de mettre en lumière votre savoir-faire professionnel ?

Vous avez un petit commerce de matériel informatique et de logiciels ? Mettez la priorité sur votre réputation à l'échelle locale : proposez une chronique gratuite à votre journal de quartier. Profitez-en pour bâtir votre crédibilité en démontrant votre expertise dans votre domaine et votre intérêt pour les lecteurs. Pourquoi ne pas suggérer des trucs de dépannage et des conseils simples de mise à niveau en fonction de différents besoins ? Les lecteurs apprécient les conseils judicieux qu'ils peuvent mettre en pratique sur-le-champ, sans même avoir à se déplacer. Il y a plus de chances qu'ils lisent votre chronique jusqu'à la fin.

Qu'importe s'ils mettent ou non vos conseils à profit, votre raison sociale deviendra synonyme de savoir-faire et de convivialité, éléments très importants pour qui en est à ses premiers pas dans le domaine de l'informatique.

Vous êtes un courtier chevronné en valeurs mobilières et visez le marché des professionnels de la santé ? Offrez d'écrire des capsules sur les différents types d'investissement sur le site Internet de leur ordre professionnel, et vous deviendrez l'expert vers qui ils se tourneront quand ils seront prêts à changer de courtier ou à diversifier leur portefeuille.

En passant, évitez l'erreur d'utiliser la chronique pour promouvoir des offres mirobolantes et l'incroyable service après-vente qu'on ne trouve que chez vous. Ne tombez pas bêtement dans le publireportage. Les lecteurs ne sont pas dupes.

Vous serez reconnu si vous êtes vu, lu et que vos performances et expertises sont à la hauteur des attentes que vous avez créées. Bientôt, vos contacts pourront dire en toute confiance : « Cette entreprise, je la connais bien et je te la recommande. »

Vous vendre de la bonne manière

Les vendeurs d'expérience vous le diront : le client potentiel qui vous a été référé par quelqu'un de sérieux sera plus loyal, vous fera davantage confiance et présentera moins d'objections que le nom tiré au hasard dans le bottin téléphonique. Voilà pourquoi vous avez intérêt à vous rendre mémorable auprès du plus grand nombre possible de gens. Croyez-en mon expérience, le bouche à oreille vous rapportera davantage qu'un publipostage de masse.

C'est prouvé, la majorité des entreprises et des consultants décrochent une importante portion de leur clientèle grâce à des recommandations. Pensez-y : quand on vous demande si vous connaissez un bon comptable ou une entreprise de lavage de vitres, vous recommandez soit des professionnels avec qui vous aimez ou avez aimé faire affaire, soit des gens dont vous avez entendu parler positivement par des personnes en qui vous avez confiance.

Pour qu'on pense à vous dans ces situations-là, il a fallu qu'on vous voie régulièrement, n'est-ce pas ? Ne vous fiez pas uniquement à votre réputation. Vos concurrents pourraient être plus vaillants que vous et pourraient être devenus, sans que vous vous en aperceviez, la « saveur du mois». Pour réussir en affaires ou pour dénicher un emploi, il faut plus qu'une bonne idée, un talent particulier ou de bons contacts. Il faut savoir faire sa promotion. Il faut savoir se vendre.

Les professionnels, tout particulièrement, angoissent juste à l'idée de devoir faire du «développement des affaires». La notion de «vendre leurs services» va totalement à l'encontre de la formation qu'ils ont reçue. Conduire une démarche relationnelle semble être au-dessus de leur mode de pensée. Pourtant, le renforcement de la relation d'intimité avec le client y est essentiel. **On achète autant ce que vous êtes que ce que vous promettez.**

Comme le fait aussi valoir Sylvie Lainé dans *Le relationnel utile,* ce que vous promettez, vos concurrents le promettent également. Ils exercent la même profession que vous. On ne voit pas pourquoi ils l'exerceraient moins bien que vous, étant censés avoir reçu la même formation et en partager le même goût.

C'est votre profession qu'on achète et elle ne vaut que *votre* compétence, *votre* professionnalisme, *vos* qualités personnelles. Fournir un service, c'est mettre à la disposition d'un client ce qu'on sait faire, c'est-à-dire une expertise et, au-delà, une capacité d'engagement, de disponibilité, d'énergie, d'écoute et d'enthousiasme. **Faire la promotion d'un service, c'est faire la promotion de soi.**

Et vendre à qui?

Les clients internes et externes de votre entreprise sont ceux qui sont susceptibles de consommer votre produit. Vous êtes gestionnaire, fonctionnaire ou employé? Vos clients sont vos supérieurs, vos collègues ou vos pairs dans l'organisation. Ceux de l'entrepreneur, du professionnel ou du travailleur indépendant sont les consommateurs «payeurs», tout autant que les fournisseurs, les partenaires, etc.

Songez-y un peu : quand, de façon convaincante, vous faites approuver vos budgets, obtenez un prêt, influencez l'achat de l'automobile familiale ou faites valoir que vous êtes le candidat idéal pour le poste, **vous vous vendez.** Savoir vous vendre efficacement est une habileté indispensable... et qui s'apprend. Ceux qui y excellent et durent sont ceux qui ont compris que les clients achètent une personne et non une entreprise, un individu avant son service.

Leur secret ? Ils commencent par établir un climat de confiance et une relation interpersonnelle avec le client potentiel. Ils s'intéressent à lui, écoutent ses besoins et adaptent leur message en conséquence.

Il va sans dire que pour vous vendre, vous devez bien connaître MOI inc., ses objectifs, ses services et ses ressources. Vous avez réussi à vous vendre auprès de votre réseau ? Vous venez de vous faciliter la vie. Vos contacts vont aussi vous vendre. Après tout, ne vous ont-ils pas déjà acheté ?

2

VOUS CONNAISSEZ-VOUS BIEN ?

Il est difficile de penser à réussir sa vie, à orienter sa carrière profes-sionnelle ou à faire son marketing personnel sans commencer par une introspection honnête et profonde. Savoir qui vous êtes, quels sont vos besoins et vos objectifs et comment vous vous distinguez cons-tituent un must pour faire votre marketing. Est-ce que vous vous con-naissez bien ?

Qui êtes-vous ?

Pour réaliser un mariage harmonieux entre votre personnalité, vos valeurs, vos compétences et le choix d'un type de travail, son envi-ronnement et sa durée, un **bilan personnel honnête** s'avère un incontournable point de départ.

Votre profil inclut grosso modo les éléments suivants.

LES 7 ÉLÉMENTS DE BASE DE VOTRE PROFIL

1 *Votre situation personnelle.* Il est opportun de faire le point sur votre statut familial, votre état de santé et votre situation financière actuels, car ils influent sur vos performances et votre disponibilité, votre style de vie et les choix que vous êtes appelé à faire. Vous êtes jeune, en pleine forme, célibataire, propriétaire de votre condo et en quête d'un diplôme universitaire? Vous visez un poste de gestion en entreprise? Votre statut est différent de celui de votre voisine, mère de deux jeunes enfants, vivant à loyer et de contrats à la pige. Envisager un retour aux études ne présente pas les mêmes défis et difficultés.

2 *Votre formation.* Vous détenez un diplôme collégial et, en plus, vous avez développé par des lectures personnelles et des fins de semaine de formation continue une expertise liée au logiciel Outlook. C'est la clé que vous vous êtes forgée pour améliorer votre sort et vous porter candidat aux postes de spécialistes dans votre entreprise.

3 *Vos qualifications (talents, expériences, réalisations, etc.).* Grâce à vos médailles de nageur et à votre solide expérience de gestion des équipes d'entraîneurs des piscines municipales, vous avez été propulsé à la vice-présidence de la Fédération de natation de votre province.

4 *Vos préférences.* Pensez ici aux comédiens amateurs de fromages et de bons vins qui sont devenus animateurs de chroniques et d'émissions populaires de gastronomie à la radio et à la télé.

5 *Vos activités bénévoles et sociales.* Une amie, marchande de tapis commercial et amatrice d'art, faisait partie depuis deux ans du comité organisateur de la campagne de financement annuelle du musée d'art régional. Ayant pu juger du professionnalisme de son travail, même bénévole, trois participants lui ont déjà demandé de soumissionner pour des projets de rénovation dans leur entreprise.

6 *Vos habiletés relationnelles.* Une voisine, étudiante à la maîtrise et ayant à cœur que les droits des étudiants soient respectés, a démontré beaucoup de leadership au sein de son association et mené le dossier de défense des droits des étudiants auprès de la direction de son établissement d'enseignement. Sur le marché du travail, elle s'est démarquée des quatre autres candidats et a décroché le poste d'assistante au chef de produit d'une entreprise de télémarketing.

7 Vos valeurs. Un relationniste, ancien fumeur invétéré, s'est converti en non-fumeur tout aussi invétéré depuis le décès d'un collègue des suites du cancer du poumon. Il me confiait n'accepter depuis ce temps que des clients travaillant dans des édifices où il est interdit de fumer et mettant en pratique des politiques antitabac.

Ce sont vos actifs, ceux autour desquels vous bâtissez le profil de votre entreprise.

Le profil de MOI inc.

Pour en arriver à vendre votre marque avec succès, il faut que vous puissiez en définir les particularités, tant sur le plan personnel que sur le plan professionnel.

Voici quelques questions qui pourraient vous aider en ce sens :

■ *Quelles étaient vos activités sportives et culturelles préférées ? Dans lesquelles excelliez-vous ? Lesquelles pratiquez-vous encore ?* Que vous soyez un adepte du tir à l'arc, du golf ou que vous ayez joué dans une ligue de hockey amateur, le fait d'avoir pratiqué une discipline sportive ou participé à des compétitions pourrait bien faciliter d'éventuels rapports avec les membres d'une équipe et avoir affûté votre sens de la stratégie. À tout le moins, vous garderez la forme et, à l'occasion, vous disposerez d'une soupape pour évacuer la pression. Collectionner les timbres peut aussi vous avoir permis de développer patience et souci du détail.

■ *Quelles matières préfériez-vous à l'école? Lesquelles vous apportaient le plus de succès?* Vous adoriez les mathématiques et l'informatique, et réussissiez bien. Votre diplôme de statisticienne sous le bras, vous n'hésitez pas à vous rappeler à la mémoire de vos professeurs, qui sont heureux de vous fournir des références, car ils savent que vous travaillez vite et de manière professionnelle.

■ *Comment vous comportez-vous dans les moments de tension ou de grande joie? Arrivez-vous à gérer vos émotions ou est-ce qu'elles vous dominent?* Si vous boudez pendant deux jours après qu'on vous ait demandé de modifier votre projet, ou si vous fondez en larmes chaque fois que votre patron fait un commentaire négatif sur votre travail, il se peut que, rapidement, on ne se préoccupe plus des dommages causés à votre maquillage, pas plus qu'à votre carrière.

Sur le plan professionnel maintenant :

■ *Quels types de travail préférez-vous? Dans lesquels réussissez-vous le mieux?* Vos performances sont généralement meilleures quand vous accomplissez le travail et les activités que vous aimez. Ça vous stimule, et l'entourage vous encense parce que vous les faites mieux que les autres.

■ *Quelles sont vos compétences ou vos réalisations les plus marquantes?* Sachez les extraire de vos expériences professionnelles et mettre de l'avant ce qui vous démarque. Après tout, c'est ça que les recruteurs et les futurs employeurs recherchent en premier dans les CV.

■ *Dans quel environnement êtes-vous le plus à l'aise : travail en équipe ou en solitaire? Espaces à aires ouvertes ou bureau fermé et silencieux?* Si vous puisez votre énergie à même l'équipe, le fait d'être chercheur ou télétravailleur et de passer vos journées à discuter avec votre écran d'ordinateur a de fortes chances de vous rendre malheureux.

■ *Est-ce que votre participation contribue à augmenter les revenus d'une entreprise ou à réduire ses coûts?* À titre d'employeur ou d'employé, si vos talents de fin négociateur vous permettent d'augmenter le volume d'achat de vos clients fidèles ou de réduire les coûts d'approvisionnement, votre banquière sera plus calme ou votre supérieure y verra un «plus» lors de votre évaluation annuelle.

■ *Atteignez-vous les objectifs que vous vous êtes fixés ou secondez-vous les membres de l'équipe dans l'atteinte des leurs? Atteignez-vous ceux que l'entreprise vous a fixés?* L'information que vous accumulez sur la concurrence vous permet d'avoir un ratio contrats / offres de service égal ou supérieur à votre quota. Si vous avez l'habitude de la partager avec vos collègues, non seulement toute l'équipe y gagne, mais vous êtes fort probablement un membre qu'on voudra garder ou, éventuellement, avoir comme patron.

Votre curriculum vitæ

Vous le comprenez sans doute mieux maintenant: ce que vous *êtes* dépasse largement l'information contenue dans votre curriculum vitæ. Ce dernier fait pourtant partie de vos outils de marketing personnels. Il faut le voir autrement que comme une mise à jour de votre chronologie d'expériences professionnelles. C'est en plus une source de valorisation du chemin accompli.

Votre CV met en valeur une partie du profil de MOI inc. et votre image de marque.

Assurez-vous:

• que l'information qu'on y trouve soit authentique et exacte;

• que sa présentation soit soignée et sobre;

- qu'il soit bref, clair, exempt d'erreurs grammaticales et orthographiques ;

- qu'il inclut :
    - vos coordonnées personnelles ;
    - les langues maîtrisées (être multilingue est souvent un atout majeur) ;
    - votre expérience professionnelle et vos réalisations ;
    - vos compétences et votre expertise ;
    - votre formation générale et professionnelle ;
    - vos activités paraprofessionnelles et bénévoles (elles sont souvent le résultat de la profondeur et de la qualité de votre réseau).

Oubliez votre statut familial, votre religion, la fourchette salariale que vous souhaitez et votre numéro d'assurance sociale. Et ne fournissez de lettres de recommandation que sur demande. Souvenez-vous qu'un curriculum vitæ ne convainc pas un chasseur de talents de vous embaucher ; il l'incite seulement à **vous rencontrer.**

L'inventaire de vos habiletés relationnelles et mesurables

Vous pourriez avoir développé, dans le contexte de vos activités professionnelles et personnelles, des habiletés variées et transférables. On vous dit bon conférencier, vous avez eu l'occasion d'animer des soirées, vos présentations multimédias ont été source de commentaires élogieux. Est-ce que vous êtes conscient de ces habiletés de communicateur ?

On vous reconnaît du leadership, des habiletés de négociateur, vous avez milité dans le domaine du syndicalisme ou de la politique, vous servez de mentor ou de coach, vous faites de la formation en entreprise ou collaborez à l'organisation d'événements d'envergure. Êtes-vous conscient de vos habiletés relationnelles ?

Vos doigts courent sur le clavier à une vitesse folle et vos fautes de frappe sont minimales, vous maîtrisez la perceuse et savez tirer le maximum de la nouvelle génération de photocopieurs. Ce n'est pas abstrait. Ces habiletés sont mesurables et susceptibles de vous démarquer.

Est-ce que votre entourage ou vos contacts savent que vous possédez ces habiletés ? Sinon, comment voulez-vous qu'ils en bénéficient et, surtout, qu'ils les *diffusent* et *renforcent* par la même occasion votre image de marque ?

Que voulez-vous faire de votre vie ?

Le concept de « marque personnelle » ne se limite pas à une décision de positionnement. Armé de votre profil complet, vous êtes maintenant d'attaque pour décider de ce que vous voulez faire de votre vie.

Pour vos vacances, il peut vous arriver de partir sur un *nowhere* avec votre carte de crédit et votre brosse à dents, mais j'imagine qu'habituellement vous déterminez votre destination, vous vous assurez de connaître le chemin et vous préparez votre horaire et vos bagages en conséquence. Il en va de même pour votre « mission », qui est un peu la carte routière de votre vie, à partir de laquelle vous ferez les choix qui s'imposent. Voici deux exemples de mission.

EXEMPLE N° 1 : LA MISSION DE CLAUDE

Claude, avocat spécialisé en droits d'auteur, veut demeurer pigiste, coacher de jeunes entrepreneurs et les aider dans leur phase de démarrage, partir un mois par année pour assouvir sa passion des voyages et s'assurer une retraite confortable à 60 ans.

EXEMPLE N° 2 : LA MISSION DE LOUISE

Louise, propriétaire d'un restaurant et passionnée de politique municipale, vise à servir ses concitoyens en se présentant aux élections pour devenir conseillère municipale à l'âge de 45 ans. Ce sera au sein d'un parti qui correspond à ses valeurs et elle entend s'assurer que le style de vie de sa famille n'en souffrira pas.

Pour trouver votre propre mission, posez-vous les questions suivantes.

■ *Que désirez-vous accomplir ? Qu'est-ce qui vous fait vibrer ?* Claude désire se réaliser dans la profession qu'il aime et, en même temps, partager sa passion personnelle avec sa conjointe. La politique fait davantage vibrer Louise que la gestion de son restaurant, et elle la vise comme destination future.

■ *Cherchez-vous la reconnaissance ? Le succès ? Le pouvoir ? Ou l'argent ?* En tablant sur ses honoraires élevés de spécialiste reconnu dans son domaine, Claude croit être en mesure de générer des revenus annuels suffisants pour voyager avec sa femme et des surplus pour se retirer dans une modeste maison à la campagne. Louise croit qu'être échevin lui donnera la reconnaissance et le pouvoir de faire avancer les dossiers qui lui tiennent à cœur. Entre-temps, elle entend accumuler un fonds de prévoyance personnel afin de pouvoir réduire ses activités professionnelles durant la campagne.

■ *Préférez-vous faire ce que vous aimez ou aider les autres à s'épanouir ?* Accompagner des entrepreneurs inexpérimentés et contribuer à la réalisation de leurs rêves ou sauter dans l'arène politique pour aider ses concitoyens représentent des façons différentes mais concrètes de participer au bien-être d'autrui.

■ *Êtes-vous une personne d'équipe ou un solitaire ?* Bien sûr, Claude travaille étroitement avec ses clients, mais il préfère être maître à bord de son petit voilier. Par contre, Louise souhaite militer rapidement dans un parti pour apprendre les rouages de la politique et repérer des alliés. Élue échevin, elle entend travailler avec son équipe d'arrondissement et respecter le programme du parti.

Le temps alloué à cet exercice ne sera pas du temps perdu. Écrivez, relisez, biffez et recommencez jusqu'à ce que le chemin à utiliser vous semble évident. Il vous sera ensuite plus facile de définir vos besoins et de choisir les moyens et les réseaux qui sont susceptibles de faciliter votre voyage.

Quels sont vos besoins ?

Vos besoins peuvent être de plusieurs ordres. Chose certaine, indépendamment de votre statut professionnel, vous devez augmenter vos revenus en élargissant votre gamme de produits ou votre base de clients. Vous désirez une promotion, des budgets et du soutien administratif additionnels ? Vous êtes à la recherche de financement ou d'un emploi plus rémunérateur ? Vous souhaitez développer de nouveaux partenariats ou ajouter des contacts complémentaires à votre réseau ?

En affaires, les besoins en information sont criants, car l'information s'avère non seulement une forme de pouvoir et d'influence mais aussi **un outil de travail et de performance.** Vous avez tout avantage à demeurer informé tant des possibilités et des tendances du marché que de la concurrence, des développements technologiques et des nouvelles carrières, de l'impact de la mondialisation et de l'exportation des emplois.

Une participante, consultante en marketing à l'international, s'est vu offrir par un ancien collègue, nouvellement directeur d'une entreprise au Cameroun, un contrat de six mois. Une relance à quelques anciens collègues lui a permis de connaître, de source sûre, les conditions de vie prévalant dans ce pays, les honoraires et les frais de déplacement en vigueur et, en prime, la situation particulière des femmes cadres et des conseils de sécurité. Elle se sentait maintenant bien équipée pour négocier son contrat.

L'information étant la monnaie d'échange du réseautage, vous et vos contacts représentez un réservoir illimité de renseignements. Vous pouvez y puiser à volonté en fonction de vos besoins et de ceux de vos contacts. Comment pouvez-vous en profiter si vous ne connaissez pas vos besoins ou que vous êtes incapable de les exprimer clairement et succinctement aux personnes susceptibles de vous aider à les combler ?

Où voulez-vous aller ? Et à quelle vitesse ?

Pour savoir où vous voulez aller, vous devez vous fixer des objectifs et faire les choix conséquents. Vous êtes ingénieux et avez mis au point ce qui pourrait s'avérer l'invention du siècle ? Vous rêvez de la commercialiser l'an prochain ? Au programme : développement d'un plan d'affaires, évaluation de votre situation financière personnelle, recherche d'appuis et de financement. Les choix potentiels : réhypothéquer la résidence familiale, conserver votre poste actuel et bosser discrètement sur votre projet ou prendre une année sabbatique et partir à la recherche de capital de risque.

Entendez-vous vous réaliser en demeurant employé ou en devenant votre propre patron ? Demeurer à l'emploi de l'entreprise actuelle ou aller vers une grande société ? Désirez-vous prendre votre retraite à 55 ans et, entre-temps, investir dans votre passe-temps pour le transformer graduellement en seconde carrière ?

La clé du succès est de vouloir avec **passion, imagination, détermination** et de s'entourer d'un **solide réseau**, interne et externe. Votre démarche analytique et décisionnelle peut être validée et facilitée grâce à la diversité et à la complémentarité de vos contacts.

Qu'est-ce qui vous distingue ?

Le marché du travail se transforme constamment. Les jobs de cols bleus et de cols blancs des années passées disparaissent ou se transforment rapidement. Vous n'avez plus le choix : il faut coûte que coûte faire preuve de créativité ! Comme le prône Tom Peters dans son récent livre *Re-imagine !*, vous devez vous convertir en homme ou en femme d'affaires, cesser d'être de simples esclaves de cubicule, être créatif et apprendre à faire plus avec moins.

La signification d'une marque est beaucoup plus profonde que le contenu des logos et des slogans : c'est une **connexion émotive**. C'est ce qui fait la différence dans vos choix de consommation. Tom Peters s'est positionné une fois de plus à ce sujet et n'y va pas par quatre chemins : « *Distinct or Extinct.* » Dans la langue de Molière : distinguez-vous ou périssez !

Vous avez fait le point sur qui vous êtes, sur vos forces, vos talents, vos expériences et vos traits personnels. Quelles qualités ou caractéristiques vous différencient de vos collègues ou concurrents ? En quoi vous distinguez-vous professionnellement ou socialement ?

Ne vous y trompez pas : votre avantage concurrentiel n'est pas uniquement un paragraphe dans votre plan d'affaires, votre curriculum vitæ ou votre brochure publicitaire. Cette différenciation justifie souvent vos honoraires, le type de mandats et les références que vous obtiendrez.

Vos clients aiment-ils savoir qu'ils recevront votre rapport 24 heures avant la date prévue ? La qualité de votre travail permet-elle à votre division de sauter une étape de production et ainsi de réduire les coûts ? Les gens susceptibles de soutenir votre candidature jouissent-ils de quelques arguments massue pour vous promouvoir ? De plus en plus de destinataires choisissent d'ouvrir leurs courriels en fonction du nom de l'expéditeur. Ouvre-t-on les vôtres ?

Mieux vaut être en mesure de répondre à ces questions avant de négocier votre augmentation de salaire, de présenter une offre de service, de vous préparer à une entrevue d'embauche ou de choisir vos modes de communication.

Vous entendez vivre longtemps et vous amuser ferme dans la vie? Vous n'avez pas le choix! Il vous faut connaître vos valeurs distinctives et les bénéfices concrets dont peuvent profiter vos clients actuels et potentiels. Communiquez-les clairement et régulièrement à vos divers publics. Assurez-vous que vos clients et contacts apprécient les services que vous offrez et les recommandent à leur entourage. Le bouche à oreille demeure encore la publicité la plus fiable et la plus efficace.

Le fait d'être guidé par une mission qui vous colle à la peau, de savoir exactement ce que vous désirez accomplir et d'être convaincu que vous êtes équipé pour réussir devrait vous insuffler le courage d'agir. Et d'y aller progressivement: la motivation carbure aux petites actions et aux victoires répétitives, ce qui génère éventuellement de grands et solides résultats.

Comme le disait l'ancien président américain Abraham Lincoln: « Vous ne pouvez échapper à vos futures responsabilités en les évitant aujourd'hui. » Alors, on passe à l'action!

3

PROJETEZ
UNE IMAGE
QUI VOUS RESSEMBLE

Nous vivons dans une société caractérisée par l'importance de l'image personnelle. Vous devriez en être non seulement conscient mais vous en préoccuper fortement. Pourquoi ? Parce que vous n'aurez pas une seconde chance de faire une première bonne impression.

Quoique rapide et généralement inconsciente, la perception qu'on a de vous au moment de la rencontre est souvent cruciale et durable. Cette première impression incitera ou non votre interlocuteur à faire votre connaissance, à vous aimer, à socialiser et à transiger avec vous.

Si vous avez fait bonne impression, c'est-à-dire qu'on vous a perçu de façon positive, par exemple honnête, attentionné, intéressant ou amusant, il y a fort à parier qu'on aura envie de poursuivre la relation. Peut-être même qu'on jouera déjà avec l'idée de vous embaucher. Si, au contraire, vous avez laissé une impression de suffisance, de superfi-cialité, voire d'arrogance, il est possible qu'un second contact n'ait jamais lieu.

L'image

On définit «l'image» comme la somme de toutes les perceptions que vos clients et les autres ont de vous et de votre façon de faire les choses. Votre image n'est ni bonne ni mauvaise; votre image, c'est vous, tout simplement. La perception, c'est bien connu, équivaut à la réalité. Par exemple, le fait d'avoir plus de 55 ou 60 ans ne vous rend pas moins dynamique ou branché sur les avancées technologiques mais, pour plusieurs, c'est le signal que vous n'êtes plus un candidat aux promotions ou encore que vous êtes mûr pour la retraite.

À ce compte-là, il est important d'apprendre à gérer votre image de façon professionnelle. Que ça vous plaise ou non, les gens vous jugent et déterminent votre personnalité à partir des bribes d'informations glanées au moment de votre première – et souvent unique – rencontre et les appliquent à toutes les situations.

Distinguez-vous pour les bons motifs

Assurez-vous d'être bien conscient de l'image que vous projetez et de comprendre l'effet qu'elle a sur ceux que vous vous apprêtez à fréquenter. Vous serez alors mieux équipé pour prospecter les clients potentiels et les fidéliser. Non seulement est-il opportun de développer l'image qui vous distinguera de vos concurrents, mais également de travailler à la présenter le mieux possible à vos publics cibles.

L'image évolue. Il y a une dizaine d'années, les hommes au crâne rasé passaient plutôt pour des «durs», alors que maintenant on ne les craint plus. On les rencontre même dans les cabinets de professionnels. Leur look dissimule, souvent de façon élégante, une calvitie naissante ou avancée.

La personne qui croit faire une économie en continuant de porter des lunettes ou même un maquillage d'une autre époque ferait bien de consulter un conseiller en image. Les adeptes du tatouage seraient bien avisés en certaines occasions de camoufler leurs coups de cœur sous un t-shirt bien coupé.

Votre image ne concorde pas avec ce que vous êtes fondamentalement? Votre communication verbale et votre communication non verbale semblent se contredire? Ici aussi, vous auriez avantage à vous faire conseiller. Comme le disait Robert J. Ringer dans *Winning Through Intimidation*, ce n'est pas tellement ce que vous dites et faites qui compte, mais beaucoup plus la posture et le ton que vous adoptez qui créent l'effet obtenu. Vous êtes d'abord – et dans l'ordre – vu, entendu et, si vous êtes chanceux, compris!

Croyez-le ou non, on peut s'amuser en compagnie d'étrangers

Vous participez à un colloque ou vous êtes invité à une réception. Vous n'êtes pas du type flamboyant; vous en êtes même rendu au point de vous demander : « Voulez-vous bien me dire ce que je fais ici? » Dans ce genre de rassemblement, c'est fou comme tout le monde semble connaître quelqu'un. Tout le monde, sauf vous.

Pour ajouter à votre inconfort, vous savez que, lorsque vous vous retrouvez au milieu d'étrangers, **vous êtes sous évaluation.** Pour vous sentir plus à l'aise, vous tentez alors de vous fondre dans la foule, vous semblez concentrer votre attention sur la santé des plantes vertes qui décorent la place, ce qui contribue à vous rendre encore plus invisible. Qu'arriverait-il si vous vous appliquiez plutôt à ressortir du lot?

Lorsque Louisette entre dans une pièce, en moins de 10 minutes elle entame une conversation avec 4 ou 5 personnes différentes. La philosophie de cette attachée commerciale d'une chaîne hôtelière est pleine de bon sens : tous ces gens sont là, comme elle, pour faire de nouvelles connaissances. Elle affiche son plus beau sourire et, sitôt le contact visuel établi avec quelqu'un, elle l'aborde en lui disant quelque chose comme ceci : « Bonjour, vous me semblez quelqu'un que je devrais connaître. Je m'appelle Louisette. » Son interlocuteur s'empresse habituellement de se présenter à son tour.

Ginette, quant à elle, se rend plus vulnérable en déclarant : « Bonsoir, je m'appelle Ginette. Je ne connais personne ici. Je ne vous connais même pas ! Vous, qui connaissez-vous ? » Je n'ai jamais entendu dire que quelqu'un les ait envoyées paître. Évidemment, les sujets abordés par la suite vont faire toute la différence dans l'évaluation de ces personnes.

Si vous deviez brosser le portrait de la personne sympathique par excellence, celle vers qui vous êtes naturellement attiré, celle avec qui vous avez envie de faire connaissance, elle ressemblerait fort probablement à Louisette ou à Ginette. Chose certaine, cette personne transpire l'assurance. Elle a réussi, par l'application de trucs et de techniques éprouvés, à vaincre ou à bien gérer sa timidité. Son expression faciale et son langage corporel démontrent une ouverture et une convivialité rassurantes.

Faites une excellente première impression

Le langage silencieux de votre corps joue un rôle crucial dans la qualité de la première impression que vous laissez. Que cela vous plaise ou non, elle est tenace. Il y a souvent des têtes qui ne nous reviennent pas sans que nous sachions trop pourquoi : expériences passées, culture, préjugés, etc. Dites-vous bien qu'il en va de même pour la vôtre chez un certain nombre de gens. Avant même que vous n'ayez dit un mot, votre charme – ou son absence – a déjà commencé à opérer.

Au-delà des paroles exprimées, des réactions visibles comme l'expression de votre visage (air renfrogné, sourcils froncés, etc.), votre respiration (gros soupirs, voix haletante ou hors d'haleine, etc.), l'amplitude de vos gestes (vous déplacez beaucoup d'air, vous ne tenez pas en place, vous êtes plein de tics nerveux, etc.), le mouvement de vos mains (vous brassez la monnaie dans vos poches, vous jouez avec votre collier de perles, vous ouvrez et fermez constamment votre stylo, etc.), le regard (vous balayez constamment la foule, vous évitez de regarder l'autre dans les yeux, etc.) expriment ce que vous pensez et ressentez. N'essayez pas de les contrôler tous simultanément, vous n'y parviendrez jamais.

Transformez votre langage non verbal en atout-réseautage

Il est possible de faire de votre langage non verbal un partenaire efficace dans votre démarche de réseautage. Un sourire engageant, une démarche assurée et un contact visuel soutenu vont faire en sorte qu'on vous perçoive comme amical, sûr de vous et intéressé à « connecter ». Vous serez rapidement classé « approchable ».

Vous avez l'impression que les groupes se resserrent à votre arrivée ou que les gens s'excusent et vous laissent en plan sitôt les présentations faites ? Avant de jeter le blâme sur autrui, ayez l'honnêteté de vérifier le message que votre langage corporel lance quand vous approchez les gens ou lorsque ceux-ci vous approchent.

Dans nos ateliers, où les gens viennent **apprendre à réseauter,** il s'en trouve toujours pour dire que deux ou trois participants dans le groupe donnaient l'impression qu'ils n'étaient pas intéressés à faire connaissance avec de nouvelles personnes. Souvent à la grande surprise des fautifs, qui ne se doutaient pas que leur comportement réservé ou désintéressé n'en était pas un d'ouverture aux autres. Un regard fuyant, l'apparition de rougeurs au visage et des doigts qui tambourinent constamment peuvent envoyer le message à votre interlocuteur que vous êtes au bord de la panique et que vous préféreriez vous voir ailleurs qu'en sa présence. Ce n'est pas très propice à l'amorce de nouvelles relations.

Peut-être que ces mêmes indices dénotaient une nervosité situation-nelle : annonce de la faillite d'un client important ou préoccupation d'ordre familial. La preuve qu'on ne doit pas toujours se fier à la pre-mière impression. Et pourtant, c'est ce qu'on est porté à faire. Vous pouvez mentir de façon convaincante, nier l'évidence, mais votre corps, lui, ne le peut pas. Les signaux qu'il émet feront rapidement ressortir l'incohérence entre votre langage corporel et les paroles prononcées, créant ainsi un problème de crédibilité, de communication et d'image. Faites attention car, les professionnels de la négociation sont unanimes à le dire, c'est votre corps qu'on croira.

Réussissez le premier contact

Rencontrer quelqu'un qu'on n'a encore jamais vu constitue une expé-rience très intéressante. Rappelez-vous votre dernière rencontre du genre : vous patientez à la réception depuis quelques minutes et, sou-dain, votre « inconnue » arrive. Tout se passe rapidement : elle marche vers vous, sourit et vous tend la main. Vous vous levez, acceptez sa poignée de main et vous échangez quelques mots. Voilà le premier contact établi.

Sans trop s'en rendre compte, chacun « lit » l'autre. On connaît déjà plusieurs choses sur l'autre. Votre interprétation des renseignements recueillis (posture, tenue vestimentaire, etc.) pourrait devenir déter-minante pour l'entrevue qui va suivre.

Autant les premières minutes d'un entretien peuvent faciliter l'entrée en matière, autant elles risquent de la compliquer si, par ce que vous dites ou faites, vous mettez votre interlocuteur mal à l'aise. Par exemple, le fait de mâcher de la gomme, que vos vêtements sentent la fumée de cigarette ou que vous portiez une blouse transparente pourrait déjà mettre en péril la démarche amorcée.

Bien sûr, plus la relation que vous entretiendrez sera longue et que vous apprendrez à mieux vous connaître, plus l'effet de la première impression s'estompera. Il se pourrait même que, à long terme, vous en veniez à nouer une excellente relation avec quelqu'un qui, à première vue, ne vous plaisait guère. Par contre, les risques sont grands qu'on ne vous donne pas une seconde chance de corriger la première impression.

Cultivez votre charisme

Le charisme est à l'image de soi ce que l'électricité est au fil qui la conduit. Émane-t-il de vous un véritable courant ou seulement de l'électricité statique qui brouille vos messages ? Possédez-vous cette forme non verbale de persuasion qui vous démarque, même dans la foule, et qui donne aux gens qui vous entourent l'envie d'être près de vous, d'être vu avec vous, de participer à vos projets, de vous aider ou de vous rendre service ? Bref, êtes-vous électrisant ?

Il y a toujours place à une augmentation de courant. On n'est pas branché sur vous ? Voici quelques moyens de cultiver ce petit je-ne-sais-quoi qui électrise les autres.

5 MOYENS DE CULTIVER VOTRE CHARISME

1 *Affichez le look d'une personne prospère,* de bonne humeur et en santé en toute circonstance.

2 *Donnez à la personne que vous rencontrez l'impression qu'elle est la plus importante* en pensant et en parlant positivement « Je suis heureux de pouvoir *enfin* vous rencontrer », en souriant, en vous attardant à la couleur de ses yeux et en vous appliquant à créer une interaction chaleureuse immédiate.

3 *Répétez son nom à quelques reprises durant l'entretien.* Ça montrera que vous l'avez retenu, mais n'exagérez pas, car la modération a bien meilleur goût! Remerciez-la d'être présente à l'événement que votre entreprise ou association organise ou d'utiliser vos services. Faites-lui des compliments sincères sur elle-même ou sur ses services ou des commentaires positifs sur ses champs d'intérêt.

4 *Posez des questions* (le chapitre 6 fait référence à ce sujet) lui permettant de se mettre en valeur. Écoutez attentivement les réponses. Mettez-vous à sa place.

5 *Soyez curieux et intéressé par ce qui la captive ou la préoccupe* en vous basant sur les sujets qu'elle aborde et sur ses réponses à vos questions (ce qu'elle fait, où elle demeure, ce qui la fait vibrer). Par contre, si elle est intarissable au sujet de sa «petite» personne, prenez le plancher en entrant sur son propre terrain. Les «Justement, je...», «Quelle bonne idée, je...» et «Ce que vous dites est intéressant, mon expérience...» font des merveilles.

Si vous faites tout ça, vous pouvez être assuré qu'on ne vous oubliera pas de sitôt. Bien plus, vous serez reconnu pour votre très belle conversation.

Ne laissez personne indifférent

Quel que soit votre domaine d'activité et quoi que vous vendiez, vous devez d'abord vous vendre vous-même. La concurrence est telle, aujourd'hui, qu'on ne fera affaire avec vous que si l'on vous fait confiance et que si vous avez laissé un souvenir marquant. La première impression, qu'elle soit bonne ou mauvaise, je le répète, dure longtemps. En revanche, certaines personnes ne nous laissent aucun souvenir marquant.

Vous êtes un adepte du réseautage ? Décidez aujourd'hui même que, chaque fois que vous rencontrerez quelqu'un pour la première fois, vous ferez en sorte qu'il se souvienne de vous : vous aurez été accueillant et curieux envers lui et aurez pris le temps de vous nommer et de lui exprimer avec conviction ce que vous faites et comment vous vous distinguez. Que votre présence physique soit la plus rapprochée possible de votre personnalité réelle.

Rendez-vous accessible

Être accessible, c'est tout simplement être ouvert et abordable. Vous est-il déjà arrivé d'assister seul à un petit-déjeuner et de « scanner » la salle afin de trouver quelqu'un « d'ouvert » avec qui parler ? Ou, dans une ville étrangère, de chercher à obtenir l'aide d'un passant pour qu'il vous indique le trajet pour vous rendre au restaurant où un client vous attend ?

Influencé par les signaux subtils que les gens nous envoient, vous tentez de les évaluer et de choisir la personne vers qui vous vous dirigerez. Retenez que vous lancez les mêmes signaux. C'est très utile de savoir ce qui vous fait paraître le plus accessible, de sorte que vous puissiez éventuellement attirer les gens vers vous, quand vous le désirez. Par exemple, votre degré de confort personnel ou un contact visuel plus ou moins soutenu affectent la façon dont l'autre se sent en votre présence : confortable ou anxieux, confiant ou incertain.

Gérez l'expression de votre visage

Votre visage reflète la sincérité de vos propos ; servez-vous-en à bon escient ! Il vous est possible, par différents signes de tête, de donner plus de force à vos arguments ou de montrer à votre interlocuteur que vous l'approuvez ou que vous l'encouragez à parler. Vos traits peuvent exprimer la confiance ou l'étonnement, mais également le doute, l'ennui, l'hésitation, l'impatience ou la réprobation. Soyez-en conscient. Prêtez également attention aux expressions faciales de votre interlocuteur. Elles en disent parfois beaucoup plus long sur ce qu'il pense que les mots qu'il utilise pour vous en faire part.

Gardez à l'esprit qu'un sourire montre à votre interlocuteur que vous êtes heureux de le rencontrer et lui donne l'impression que vous le trouvez « attachant ». Il se sent bien et a de vous une impression positive. À l'inverse, ne pas lui sourire peut vous sembler neutre, plus naturel et plus sérieux alors que cela envoie un message négatif : vous n'êtes pas attiré ou vous ne le trouvez pas intéressant, vous êtes froid ou vous avez mauvais caractère. Offrez un vrai sourire à votre interlocuteur ; c'est communicatif !

D'aucuns diront que ce n'est pas toujours possible d'être constamment de bonne humeur, souriant et avenant. À ceux-là je répondrai qu'il vaut mieux, ces jours-là, à moins d'y être contraint par les circonstances, demeurer chez soi ou entouré de personnes qui vous ont connu sous de meilleurs jours et excuseront plus volontiers votre panne d'énergie temporaire.

Regardez pour connecter

Nous sommes plusieurs à avoir mis du temps à réaliser la puissance de notre regard. Certains hésitent encore à regarder leur interlocuteur directement dans les yeux lorsqu'ils s'adressent à lui. Pourtant, rien n'est aussi déplaisant que de serrer la main de quelqu'un dont les yeux balaient la salle derrière soi, comme s'ils étaient à la recherche de quelqu'un de plus intéressant avec qui s'entretenir. Et que dire du sentiment qu'on éprouve à parler avec quelqu'un qui a gardé ses lunettes de soleil. Il ne s'agit pas de fixer son vis-à-vis sans relâche ni de soutenir son regard en vue de l'intimider, mais d'établir une connexion par le regard. De quatre à sept secondes à la fois suffisent.

Le seul fait de regarder quelqu'un droit dans les yeux signifie que vous êtes tout à fait conscient de ce qui se passe et que vous appréciez pleinement cet instant et l'occasion qui vous est fournie de faire sa connaissance. L'œil pétillant dénote encore plus d'intérêt, tandis qu'un regard distrait ou préoccupé signale un manque d'intérêt ou de confiance qui pourrait même être interprété comme de la peur ou de la malhonnêteté.

Ayez la posture assurée et la poignée de main ferme

Votre démarche, votre port de tête, chacun de vos gestes donne à votre interlocuteur une bonne idée de l'opinion que vous avez de vous-même. La personne ayant de l'assurance a une démarche énergique. La personne fière et confiante se tient droit. Évitez de vous croiser les bras ; on pourrait vous croire fermé à toute approche… même si en réalité vous avez froid ou vous avez mal au dos.

La poignée de main, rituel presque universellement reconnu lorsque deux inconnus se rencontrent, demeure le geste le plus significatif. C'est également le premier contact physique entre deux personnes. On se souvient souvent davantage de l'effet de la poignée de main échangée que des propos discutés. D'où l'importance de bien faire les choses.

Avant de refermer la main sur celle de votre interlocuteur, assurez-vous que votre palmure (jonction entre votre index et votre pouce) rejoint celle de l'autre personne. Ceci s'applique autant pour les femmes que pour les hommes. Serrer du bout des doigts n'est ni approprié ni apprécié.

Étant donné l'importance du sujet, des psychologues sociaux ont conclu qu'une poignée de main trop molle peut refléter de l'indifférence, le manque de conviction et de confiance en soi, voire de la faiblesse de caractère. Trop ferme – et douloureuse à supporter –, elle peut être interprétée comme un excès d'agressivité, une forme de contrôle.

Sur le plan des genres, ils ont trouvé que les femmes donnant les poignées de main les plus fermes étaient perçues comme plus sûres d'elles-mêmes. Elles laisseraient une impression plus favorable que celles offrant une poignée de mains plus « féminine ».

Les mains moites ne sont pas agréables à serrer. Que le problème soit causé par la nervosité ou une mauvaise circulation, on peut y remédier en utilisant un produit asséchant – normalement vendu pour les pieds – quelques minutes avant de se rendre à une activité de réseautage. L'effet dure environ deux heures.

La bise ou l'accolade n'est pas interdite ; ici, toutefois, on a affaire à une question de culture ou de milieu. Personnellement, j'évite de faire la bise à mes amis lorsque nous nous rencontrons dans une réunion de gens d'affaires. Je fais une exception lorsque je circule dans le milieu artistique, où les bises semblent avoir priorité sur les poignées de main. En cas de doute, le mieux est de vous informer auprès de vos contacts ou d'observer le comportement de votre entourage.

Portez la tenue de l'emploi

Il n'y a pas de costume imposé en réseautage ! Maintenant, ce que vous portez influe sur la perception que les autres ont de vous. Dans les activités de réseautage, c'est vous qui devez être remarqué, regardé et écouté. Évitez de distraire les gens du message que vous voulez faire passer. Les vêtements flamboyants, les biceps qui tentent de sortir du chandail, le décolleté plongeant et le tintement de nombreux bracelets pourraient bien s'avérer votre pire ennemi si vous désirez être pris au sérieux.

Sachez discerner les tenues d'affaires des tenues décontractées ou de party. Vous devez participer à diverses activités entourant la conférence nationale de votre association professionnelle et vous n'êtes pas certain du code vestimentaire approprié ? Un coup de fil au comité organisateur ou à un de vos contacts familier avec ce type de manifestation devrait pouvoir vous sécuriser.

Quelle que soit votre tenue vestimentaire habituelle, demandez-vous toujours si c'est ainsi vêtu que vous voulez être vu par d'éventuels clients, des partenaires d'affaires ou des collègues. Soignez les détails, car ils peuvent vous couler plus rapidement que le style du vêtement : veston froissé, bord de pantalon ou de jupe décousu, bouton manquant, tache de moutarde sur la cravate, souliers aux talons écorchés, etc.

Portez attention à vos accessoires : cravate, montre, bijoux, lunettes, mallette, etc. Ils doivent être appropriés, de bonne qualité et se marier agréablement avec votre costume, tailleur ou autre tenue, toujours selon la situation ou le type d'événement auquel vous participez.

Pour que le réseautage soit agréable, il faut que tout le monde se sente bien. On a tendance à fuir les gens qui nous mettent mal à l'aise. Les principaux irritants sont les odeurs corporelles, notamment la mauvaise haleine (si on vous offre une menthe, de grâce prenez-la), un parfum capiteux (si on vous demande le nom de votre parfum, c'est qu'il n'est pas assez discret, ou encore que son odeur déplaît ou dérange).

Réseauter à l'international

Si vous voyagez par affaires, votre tenue vestimentaire se doit d'être au diapason des codes vestimentaires en vigueur. Ils varient d'un pays à un autre, mais il existe tout de même des tenues internationales, tant masculines que féminines. Informez-vous auprès de collègues ou de contacts qui ont déjà travaillé dans les pays où vous vous rendrez ou des délégués gouvernementaux. Que vous représentiez votre employeur ou vous-même, portez la tenue de l'emploi et donnez l'image que vous souhaitez véhiculer.

Vaincre la timidité, c'est possible !

Je vous l'accorde, même les monuments d'assurance et les communicateurs chevronnés que vous enviez, sans trop vous l'avouer, doivent faire un petit effort lorsqu'ils se retrouvent en territoire inconnu. Je ne connais pas de gens qui soient à l'aise tout le temps et en toutes circonstances.

Les ouvrages sur la confiance en soi ne manquent pas, et celui-ci n'en est surtout pas un. Je vais me contenter de vous refiler quelques trucs qui nous ont été, à Roxane et à moi, d'un précieux secours au cours de notre carrière de réseauteuse. Quelle forme prend votre timidité ? Vous parlez peu et vous vous sentez mal à l'aise en groupe ? Votre conversation est vide ou axée sur les faits et gestes d'autres personnes plutôt que centrée sur vous et votre opinion ? Le fait de poser les bonnes questions et, surtout, d'écouter attentivement les réponses, pourrait bien vous faire la réputation de bon « causeur » dans l'esprit des gens.

Vous éprouvez de la réticence à réseauter et cachez souvent votre timidité derrière une vision étroite du réseautage ? Vous vous dites que c'est du piston pour obtenir un job ou une façon de manipuler les gens pour soutirer de l'information privilégiée, plutôt que de le voir comme un portfolio de relations contenant les ressources dont vous avez besoin pour poursuivre votre carrière ou augmenter votre clientèle, devenir un meilleur professionnel ou un meilleur entrepreneur ?

Vous mourez de peur d'avoir à vous exprimer en public, ne serait-ce que pour dire comment vous gagnez votre croûte ? Ne vous en faites pas, vous appartenez à un club qui compte de nombreux membres...

Au fil des ans, j'ai réalisé qu'à partir du moment où j'avais une idée précise sur ce que j'étais venue faire à une activité – que ce soit dans un colloque où je ne connais personne, un cinq à sept où je suis venue pour rencontrer de nouvelles personnes ou un atelier auquel je me suis inscrite –, la vie devient beaucoup plus facile.

J'ai d'abord pratiqué dans des endroits où je ne connaissais personne. Telle une comédienne, je me glissais dans la peau d'un personnage extraverti. Je me forçais à me conduire comme quelqu'un qui était tout à fait à l'aise. Je repérais des yeux une personne qui semblait dégourdie et je tentais de copier son attitude. J'avais présente à l'esprit une phrase de ma sage grand-mère : «Fais comme si, jusqu'à ce que tu puisses faire comme ça», et ça fonctionnait.

J'ai l'habitude de comparer l'apprentissage du réseautage à celui de la danse sociale. Tout le monde aimerait savoir danser – surtout le tango, c'est tellement beau! Au départ, il faut aller où les gens dansent. Ensuite, on doit rassembler suffisamment de courage pour inviter quelqu'un à nous suivre sur la piste de danse. Puis, on commence avec des danses faciles. Mais, si on est pressé d'apprendre, on suit des cours. Éventuellement, on dansera le tango. Le plus beau de l'exercice, c'est qu'on pourrait avoir du plaisir tout au long du processus!

Il n'y a pas d'exercice plus formateur que de tenter de s'intégrer dans un nouveau milieu. Souvenez-vous de votre premier jour de classe, de votre arrivée au camp de vacances, de votre entrée au collège. Réseauter sur une base individuelle ou dans une pièce remplie d'étrangers rend bien des gens nerveux ou mal à l'aise et les pousse souvent à se protéger.

3 MANIÈRES DE PRENDRE DE L'ASSURANCE

1 *Commencez par approfondir vos relations avec les gens que vous connaissez déjà, avec lesquels vous êtes à l'aise, dans des activités qui vous sont familières. Par exemple, approfondissez les relations que vous entretenez déjà avec vos partenaires de tennis ou de bridge.*

2 *Jouez la carte positive dès maintenant.* Débarrassez-vous des phrases négatives comme « Je meurs de peur juste à penser que je devrai me présenter aux membres du groupe » et remplacez-les par d'autres plus positives, telles que « Je sais qui je suis et je vais le leur faire savoir ».

3 *Diminuez le risque de rejet.* Adoptez vous-même une posture ouverte et vous serez perçu comme accueillant. Pas de bras croisés sur la poitrine ou de regards fuyants. Exercez-vous à ouvrir un peu le cercle et créez ainsi un espace permettant à une nouvelle personne de se joindre au groupe où vous avez pris place. Oubliez votre timidité pour aller vers les personnes qui semblent dans la même situation que vous.

Durant des événements de réseautage ou de formation :

■ *Présentez-vous tôt.* Vous serez plus à l'aise pour repérer les personnes seules ou ouvertes à vous rencontrer. Il vous sera également plus facile de vous souvenir des noms que si vous avez à en rencontrer plusieurs du même coup.

■ *Faites une entrée remarquable.*

- Entrez tranquillement, souriez en regardant les gens. Ça donne de la prestance.

- Mettez-vous en « mode hôte/hôtesse ». Repérez rapidement vestiaire, toilettes, salle d'atelier, etc., pour être en mesure d'en informer les autres.

- Souriez. Ça vous donne de l'assurance et confirme que vous êtes heureux d'être là.

- Tenez-vous droit. Ayez une démarche assurée.

- Balayez la salle du regard en le posant sur les gens à la hauteur des yeux.

- Saluez les gens. Vous n'êtes pas des étrangers, vous avez déjà un point commun : le fait de vous être inscrits à l'événement.

■ *Prenez une consommation ou un hors-d'œuvre, cela vous donnera une contenance et, possiblement, un sujet de conversation.* Par exemple : « Ces canapés sont délicieux, vous connaissez le traiteur ? » ou « J'ai l'impression que le Perrier-citron a remplacé le double martini pour l'apéro, et vous ? »

■ *Mêlez-vous aux autres.*

- Circulez, dirigez-vous vers les personnes seules ayant l'air d'attendre un « sauveur ». Tendez la main, présentez-vous.

- Ayez une courte présentation (une dizaine de mots) bien en mémoire ; cela vous permettra d'être plus réceptif à la présentation de l'autre : « Louise Beaudin, comptable agréée. Mon admiration pour les entrepreneurs m'amène à collaborer avec une clientèle composée de micro-entreprises » ou « Pierre Veillette, propriétaire d'une boutique virtuelle d'articles de chasse et pêche, et je garantis mes livraisons partout au Canada en moins de 72 heures. »

- Dirigez-vous vers des groupes de trois personnes ou plus, conversant à haute voix et dont le cercle présente des ouvertures ; établissez le contact visuel avec l'une d'elles, laissez-lui ouvrir le cercle, entrez, saluez et écoutez.

- Ayez quelques sujets pour briser la glace : trois ou quatre sujets d'actualité ou associés à l'événement auquel vous assistez avec lesquels vous pouvez engager la conversation sans y être impliqué ; gardez pour plus tard les sujets négatifs comme la mauvaise température, le terrorisme ou la famine.

- Intéressez-vous à votre interlocuteur : assurez-vous que votre langage non verbal est à la hauteur.

- Soyez un des premiers du groupe à prendre la parole. Plus vous attendrez, plus ce sera difficile de vous décider.

- Complimentez sincèrement les gens sur leurs réalisations, leur style ou leurs goûts. Ils se sentiront appréciés et respectés.

- Ne jugez pas de la valeur d'un participant par le titre inscrit sur le macaron d'identification. Il y a de fortes chances que cette personne soit en pleine ascension de carrière.

- Rappelez-vous qu'il est plus facile de changer son comportement que de changer la façon dont on se sent. Curieusement, dès que vous vous comportez correctement, vous vous sentez beaucoup mieux.

Que vous ayez plus ou moins confiance en vous, vos démarches de réseautage seront plus enrichissantes. Elles seront grandement facilitées si vous arrivez à maîtriser les techniques qui vous ont été enseignées et qui font le succès des habitués.

Présentez-vous de façon mémorable

Lorsque vous vous présentez – ou qu'on vous présente – à un inconnu, il est important de tenir compte du temps mis à votre disposition et, surtout, de ne pas le dépasser indûment. On ne prise guère ceux qui abusent de leur temps d'antenne, d'autant plus que la durée moyenne d'attention des gens est très courte. Selon les experts, la présentation ne doit pas prendre plus de 7 à 10 secondes. Si vous participez à un événement de réseautage dans un but de prospection et qu'il y a foule, vous avez tout intérêt à mettre l'accent sur ce que vous faites plutôt que sur qui vous êtes.

Vous avez éveillé l'intérêt de votre interlocuteur ? Il veut en savoir plus sur ce que vous faites dans la vie ? C'est le moment de lui laisser savoir ce que vous faites de différent ou de mieux que les autres qui évoluent dans le même secteur d'activité. Cela demande un peu de préparation. Cette présentation ne doit pas dépasser 45 secondes. Elle doit conduire automatiquement à celle de votre interlocuteur.

Des exemples ? Au lieu de « Bonjour, je suis Linda Dufour, agente d'immeubles », est-ce que vous ne seriez pas plus intéressé à entendre : « Linda Dufour, des Immeubles XYZ, j'aide les gens à choisir leur résidence. Je vends des condos et des châteaux » ou « René Lafontaine, de Voyages interplanétaires, j'amène les gens autour du monde en attendant de les amener sur la Lune » ? Assurez-vous toutefois que votre présentation soit le reflet fidèle de ce que vous faites. Et, surtout, n'oubliez pas de passer le micro à votre interlocuteur.

Bonifiez votre présentation

Si vous avez l'occasion de poursuivre une conversation avec certains participants au cours de cette activité ou de revoir les mêmes personnes dans un autre contexte, vous pourriez compléter et adapter la description de vos produits et services à d'éventuels besoins. Vous pourriez spécifier le type de clients que vous recherchez et ajouter le témoignage d'un client satisfait, promouvoir un nouveau produit ou mentionner votre participation à une prochaine foire commerciale.

Si vous vous êtes préoccupé des besoins de votre interlocuteur, vous aurez adapté votre présentation en conséquence. Il n'est pas déplacé de lui demander ce que vous pourriez bien faire ensemble qui vous soit mutuellement bénéfique.

Il est de bon ton, dans les activités de réseautage, d'exprimer ses attentes et ses besoins. Faites-le aussi clairement et succinctement que possible. Deux ou trois phrases tout au plus. Puis laissez vos interlocuteurs s'exprimer à leur tour. La formule magique du réseautage tient en une seule question : « Connais-tu quelqu'un qui... »

Faites bon usage des tribunes

Souvent, à l'occasion d'un cocktail de bienvenue, les chambres de commerce, les clubs de références et les associations sectorielles accordent à chaque participant de une à trois minutes pour promouvoir leur entreprise ou leurs services. Devoir parler en public peut vous rendre nerveux et vous amener à commettre des impairs.

Une bonne préparation vous rendra plus confiant. Il n'est pas exclu d'avoir en main un carton sur lequel vous aurez indiqué les points importants de votre présentation, tels :

■ Votre nom (eh oui, plusieurs personnes oublient de le mentionner !) ;

■ Votre titre, profession ou spécialité ;

■ Le nom de votre entreprise et le secteur particulier dans lequel vous évoluez, sa mission ou son slogan ;

■ L'endroit où est située votre place d'affaires, si vous êtes d'une autre localité ou que vous dirigez une franchise ou une succursale de l'entreprise ;

■ La description sommaire de vos produits ou services ;

■ Ce qui vous démarque de vos concurrents ;

■ Ce qui vous fait « vibrer » en dehors du travail : famille, passe-temps, sports pratiqués, etc.

Si vous n'avez pas préparé et répété votre texte, vous partirez dans toutes les directions et vous courez le risque d'être perçu comme une personne désorganisée.

« Quoi de neuf ? »

Que répondez-vous quand on vous demande « Quoi de neuf ? » Si vous répondez « Rien de spécial ! », vous venez de rater une belle occasion d'être proactif et de parler de vous durant quelques secondes. C'était la belle occasion de mentionner l'embauche d'un nouvel employé, le projet d'expansion que vous avez sur la planche à dessin ou d'achat d'équipement sophistiqué. Vous venez de terminer un mandat dont vous êtes particulièrement fier ? Sans rompre la confidentialité, il pourrait s'avérer rentable de faire part de votre fierté d'avoir pu satisfaire un client exigeant.

Les confidences attirent les confidences, c'est bien connu. Il y a de fortes chances que vous en appreniez plus sur votre interlocuteur tout de suite après.

Établissez votre crédibilité

Faites en sorte d'être lu, vu et entendu là où ça rapporte, à vous et à votre entreprise. Rappelez-vous Laurent, dont j'ai parlé au deuxième chapitre. Il venait de réaliser l'impact positif obtenu par le cabinet de professionnels où il travaillait grâce aux activités de visibilité des associés.

Créer et maintenir une visibilité favorable à votre égard auprès de vos « connecteurs » – clients, partenaires, contacts et autres – devraient faire partie de vos objectifs. Cela requiert une planification appuyée par des actions concrètes. Les moyens d'accroître votre visibilité et de faire valoir votre expertise sont nombreux et accessibles à la majorité d'entre vous. Ils vont de la conférence, de la table ronde ou du témoignage aux articles dans les publications spécialisées dans votre domaine ou celui de votre clientèle cible.

Faites-vous un point d'honneur de fréquenter de façon assidue les réseaux où les chances de rencontrer votre clientèle sont élevées. Impliquez-vous dans l'organisation de leurs événements. Faites du bon travail et on vous remarquera. Vous savez, on saute vite aux conclusions : si vous êtes fiable dans les petites choses, on conclura que vous l'êtes également dans les grandes.

Apprenez à vous adresser à un auditoire

Tôt ou tard, vous devrez ou vous vous déciderez à parler en public. Que ce soit à titre de conférencier, d'expert à une table ronde ou encore parce qu'on vous a demandé de présenter ou de remercier un commanditaire ou un partenaire. Si votre message sort tout croche ou que vous semblez confus, votre image et celle de votre entreprise pourraient bien en souffrir.

Vous êtes débutant ou piètre communicateur ? Mettez les chances de votre côté et suivez des cours. Votre degré de confiance augmentera, votre discours sera plus cohérent et l'auditoire aura plus de plaisir et d'intérêt à vous écouter. Si des cours personnalisés ne sont pas à votre portée, joindre un club Toastmasters pourrait s'avérer bénéfique : disséminés partout dans le monde, et populaires au Québec, ces clubs à but non lucratif ont pour mission de fournir un environnement d'apprentissage positif et motivant dans lequel chaque membre a la possibilité de développer ses habiletés de communicateur et de leader.

Retenez que bien parler nécessite d'abord de savoir bien écouter. Nous en reparlerons au chapitre 5.

Devenez conférencier

Être invité comme conférencier ou participant à une table ronde dans une réunion de gens d'affaires ou d'un groupe d'affinités vous permet de démontrer votre savoir tout en interagissant avec un auditoire. Il va sans dire que vous aurez été choisi en fonction d'une certaine expertise ou d'un point de vue que vous défendez.

Si votre prestation est originale et convaincante, si votre point de vue sort de l'ordinaire et est bien expliqué, il y a fort à parier que vous vous retrouviez éventuellement sur la liste de référence de journalistes ou de recherchistes en vue de futures entrevues. Vous n'avez pas osé vous mouiller ? Vous serez vite oublié !

Devenez auteur ou rédacteur

Ce ne sont pas tous les types d'activité qui peuvent faire l'objet d'un livre, mais le fait de signer un article dans une publication d'affaires ou professionnelle ou dans le journal local, de publier un rapport ou de donner votre avis sur un sujet d'actualité pourrait très bien ajouter à votre crédibilité et à celle de votre entreprise. Je connais des gens qui sont cités régulièrement dans les journaux, et ce, après avoir exprimé leur opinion plus ou moins régulièrement sur des sujets d'actualité dans les pages consacrées au « Courrier du lecteur » de quotidiens. Les journalistes et recherchistes d'émissions de télé et de radio sont toujours à la recherche de personnes crédibles et cohérentes qui acceptent de faire part de leurs réactions aux derniers événements.

Votre bulletin interne peut également alimenter les éditorialistes et les journalistes de la presse sectorielle ou locale qui le reçoivent. Ne laissez pas la poussière retomber sur les témoignages élogieux qui vous concernent. Montez un album d'articles, de communiqués et de textes d'allocutions que vos fournisseurs, clients ou candidats à l'embauche peuvent consulter à la réception. Vous êtes travailleur indépendant ou consultant ? Gardez-en un exemplaire dans votre mallette ou votre portfolio.

Trouvez ce qui intéresse votre public

Comment sélectionner les sujets de vos publications ou de vos discours ? Les sujets les plus intéressants sont souvent :

■ reliés aux travaux qui vous ont fait connaître ou ont confirmé votre expertise (votre thèse universitaire, une spécialité que vous avez développée, etc.) ;

■ générés par de nouveaux développements dans votre profession (de nouvelles normes professionnelles, des changements dans la réglementation de votre industrie, etc.) ;

■ reliés aux plaintes, aux problèmes rencontrés ou aux perceptions négatives relevant de votre profession ou de votre secteur d'activité (votre commerce est incommodé par le bruit engendré par la proximité d'un aéroport, etc.) ;

■ des recettes de succès ou des exemples de cauchemars résolus (les « *How to* » et les « *Do's and Don'ts* », de même que les 10 trucs infaillibles pour faire n'importe quoi demeurent toujours populaires) ;

■ des mentions de visiteurs de marque ou de vos appuis à une cause populaire.

Tout vient à point à qui sait semer

Être lu, vu et entendu régulièrement et professionnellement aux endroits fréquentés par vos clients, actuels ou potentiels, et autres personnes d'influence représente une forme de visibilité et de publicité créatives plus efficace que les campagnes publicitaires, les brochures et les publireportages.

Appliquez-vous à maîtriser la communication verbale et non verbale, établissez et entretenez une image personnelle et professionnelle cohérente, et forgez-vous graduellement une réputation de personne fiable et efficace. Semez un peu à tous les jours, la moisson n'en sera que plus abondante.

4

CONVERSER, C'EST PLUS QU'ALIGNER DES MOTS

Depuis que la majorité des gens d'affaires sont branchés sur Internet, il me semble que les personnes que je rencontre ont de plus en plus de difficulté à soutenir une conversation. On s'écrit plus qu'on se parle, et encore, dans un langage télégraphique qui manque souvent de recherche et de profondeur.

Je reçois régulièrement en consultation des gens d'affaires qui, invités à participer à une délégation commerciale à l'étranger, sont au bord de la panique à l'idée de devoir entretenir une conversation. Il semble que ce soit encore plus problématique à table, alors que durant des heures il ne sera *pas* approprié de parler d'affaires.

Les relations humaines, comme les contacts, s'établissent et se maintiennent au moyen de la conversation. Nous traitons avec les autres et nous nouons des amitiés en échangeant des idées et des opinions. Le temps file lorsque nous sommes engagés dans une conversation agréable. Avoir l'occasion de s'exprimer en toute confiance peut s'avérer gratifiant.

Toutefois, personne ne peut lire dans les pensées de l'autre. C'est uniquement par les paroles que vous prononcez et les gestes que vous posez que vous révélez votre personnalité. La conversation comme telle n'accomplit rien, mais elle fournit aux gens l'information nécessaire afin qu'ils puissent avoir une opinion sur vous.

Il ne s'agit pas ici de viser à devenir « beau parleur » – sauf si c'est votre objectif –, mais d'arriver à maîtriser les habiletés de la communication verbale, celles qui vous permettront d'échanger efficacement et de mettre en œuvre des relations durables. Il n'est pas nécessaire non plus de faire le clown pour se rendre intéressant. Je parle ici d'arriver à utiliser la conversation pour atteindre vos objectifs, informer et persuader votre interlocuteur avant qu'il ne regarde sa montre ou ne balaie la salle du regard en quête d'une échappatoire.

Qu'ont les autres que vous n'avez pas ?

Au fil des ans, je me suis rendu compte que ceux qui maîtrisent l'art de la conversation ont presque tous une vie remplie et ne se définissent pas uniquement par leur travail. Ces personnes se passionnent pour divers passe-temps ou activités physiques. Elles sont engagées dans leur communauté : conseils d'administration, comités divers, bénévolat, etc. Elles sont curieuses et lisent beaucoup. Elles ont un réseau diversifié. Enfin, elles savent partager le temps d'antenne, même lorsqu'elles sont considérées comme « l'expert » sur le sujet dont il est question.

Une amitié ou une relation intime débute presque toujours par une conversation, plus ou moins légère, au cours d'un événement à caractère social, ou à la suite d'une séance de travail tout particulièrement agréable au sein d'une équipe conviviale.

Ceux qui ont de la difficulté à fonctionner au milieu d'étrangers, voire de figures familières, ne sont généralement pas du type « hyper-sociable-incapable-de-passer-une-journée-tout-seul ». Et ils sont nombreux ! Pourtant, il me semble plus facile de développer une habileté à converser avec des inconnus ou des collègues – avec mes compagnons de siège, en avion ou en train, par exemple –, d'autant plus que les champs d'expérimentation pullulent et qu'il y a peu de risques que ça porte à conséquence.

Pourquoi ne pas commencer par regarder le caissier du resto ou du supermarché au moment où il vous rend la monnaie ? Peut-être qu'un remerciement accompagné d'un sourire à la personne qui tient gentiment la porte ouverte alors que vous sortez les bras chargés serait un pas dans la bonne direction pour amorcer une conversation ?

Les conversations qui rapportent

« Du bavardage sans conséquence », voilà ce que certains pensent du réseautage. Attention ! On n'est pas toujours en mission. Et souvent, du bavardage sans conséquence ouvre la porte à des relations plus soutenues.

Toutefois, si vous participez à une réunion de réseautage et que vous retournez au bureau ou à la maison sans avoir fait la connaissance de nouvelles personnes ou encore sans avoir pris un seul rendez-vous, vous avez perdu votre temps et probablement fait perdre celui des autres.

Dans un réseau, **quand on n'aide pas, on nuit.** Si vous vous rendez aux activités organisées par votre réseau simplement pour vous changer les idées ou voir bouger des gens, avec la ferme intention de ne pas participer à moins d'y être contraint, je vous suggère fortement d'opter pour une série de pièces de théâtre ou de concerts.

Jean-Marc, directeur général d'une chambre de commerce régionale, déplorait que plusieurs de ses membres demeuraient passifs et désespérait de les faire participer. Il résumait la situation ainsi : « On peut amener les chevaux à la rivière, mais on ne peut pas les forcer à boire. » Ce à quoi j'ai répondu : « Mais on peut les envoyer boire ailleurs », dans un autre réseau.

Les clés d'une conversation efficace

Pour vous habituer à converser, voyez la conversation comme un jeu ou comme un sport. Comme pour n'importe quel sport, vous vous en tirerez mieux si vous disposez d'un certain «équipement». Le vôtre devrait inclure :

■ des idées (aussi variées que possible) ;

■ un vocabulaire (personnel et approprié) ;

■ une voix plaisante (posée, modulée et assez forte pour être entendue) ;

■ une bonne diction.

La conversation s'accommode de plusieurs types de « terrains ». Avant de se lancer dans les arènes professionnelles, on peut s'exercer autour de la table familiale, avec les compagnons de travail, voire dans la salle d'attente du garage alors qu'on fait réparer sa voiture.

Ce serait bien de vous constituer une réserve d'expériences de réussites, de sujets de discussion possibles et de bien définir le type d'information que vous souhaitez recueillir au fil des rencontres que vous planifiez. Par exemple, sortir du bureau de son sous-sol pour occuper un local dans un centre d'affaires, obtenir un diplôme additionnel tout en travaillant, commencer à exporter, intéresser un de ses enfants à prendre la relève de son entreprise. On peut vouloir connaître les organismes gouvernementaux qui offrent des programmes de soutien pour nouveaux exportateurs ou pour le développement de la relève, ou encore les noms des sociétés de capital de risque.

Rappelez-vous qu'il est impossible de toujours jouer gagnant. Il y aura des occasions où vous devrez laisser tomber et passer à une autre personne ou à un autre sujet.

Comme dans le sport, l'entraînement fait toute la différence. On pourrait vous fournir le meilleur équipement de golf et vous donner accès aux plus beaux terrains du pays, cela ne ferait pas de vous un bon golfeur pour autant. Vous devrez apprendre les règles du jeu et vider de nombreux paniers de balles au champ d'entraînement avant de briller sur le terrain. Il en va de même pour la conversation.

Le langage verbal

Bien qu'on dise que votre corps parle parfois plus fort que votre voix, celle-ci a aussi un gros mot à dire au moment de définir votre personnalité. Pour votre promotion ou celle de votre entreprise, et pour faire bonne impression en tout temps, il vous faudra jouer sur plusieurs éléments : les mots, le ton, le volume, le débit et même les silences. Il n'en tient qu'à vous d'y mettre de la vie et de la chaleur.

Utilisez les bons mots

Il va sans dire que le fait d'avoir du vocabulaire démontre du respect pour votre langue et favorise grandement la clarté de vos présentations et de vos interventions dans les activités de réseautage. De grâce, évitez d'utiliser des termes techniques, des acronymes et des mots rares juste pour créer de l'effet. Ça peut impressionner les gens du milieu, mais Monsieur et Madame Tout-le-monde pourrait n'y rien comprendre et, comme résultat, tout simplement décrocher.

Les conférenciers ont l'habitude d'enregistrer leurs interventions et de repérer les mots qui se répètent dans leur discours. Ils s'appliquent à leur trouver des synonymes. Ils tentent également d'éviter d'utiliser les mots à la mode du jour. Il fut un temps où, à la radio ou à la télé, il ne se disait pas trois phrases sans qu'on y glisse un « tout à fait » ; un peu plus tard, c'était le mot « perdurer » qui était servi à toutes les sauces. Il faut coûte que coûte mettre en vedette son propre vocabulaire. Utilisez des expressions colorées ! Elles s'inscriront dans la mémoire des gens que vous rencontrez.

L'argot, les expressions ou les blagues vulgaires et les blasphèmes peuvent susciter quelques rires – jaunes ou gras –, mais ne vous élèveront pas dans l'estime des gens. Pas plus qu'ils ne contribueront à la précision de votre discours.

Portez attention au « tu » systématique, qui a le don d'en irriter plusieurs. Remplacez-le par le « vous », jusqu'à éclaircissement des niveaux hiérarchiques et des coutumes du groupe.

Travaillez à éliminer les tics verbaux – « eeeh », « aah », etc. Ils sont énervants à la longue. Il vaut mieux une pause – silencieuse – que d'étirer la dernière voyelle entre deux éléments de phrase.

Tout le monde aime les anecdotes. Parsemez votre conversation d'exemples ou de citations. Ça aide à illustrer votre récit. N'hésitez pas à répéter un mot ou une idée si vous le jugez important pour la compréhension. Gardez toujours un contact visuel avec votre auditoire ; comptez sur lui pour vous faire savoir, par son langage non verbal, quand ce sera urgent que vous changiez de sujet.

Gérez votre débit

Essayez de régler votre débit sur celui de votre interlocuteur, d'adapter votre rythme au sien. En tout temps, parlez clairement et posément. Dans les moments d'excitation, d'enthousiasme ou de grande nervosité, il arrive que les mots sortent comme d'une mitrailleuse. Parlez plus lentement ; non seulement on vous comprendra mieux, mais vos paroles auront plus de poids.

Variez le rythme de votre débit. Passez régulièrement de rapide à lent. Une voix qui manque de relief peut rapidement endormir son auditoire.

Ajustez l'intensité du volume et du ton

Apprenez également à moduler le volume et le ton de votre voix. Le meilleur moyen d'attirer l'attention sur un point particulier de votre exposé ou de souligner un argument important consiste à varier vos intonations. Vous laisserez ainsi une impression durable à votre interlocuteur et créerez entre vous un climat de confiance.

Les femmes ont avantage à surveiller leur «diapason». Surtout lorsqu'elles s'expriment sous le coup de l'émotion. Les voix de soprano, sans orchestre, irritent rapidement et ont tendance à miner la crédibilité. Les hommes, eux, ont généralement tendance à hausser le volume pour affirmer ce qu'ils avancent. L'auditoire a alors l'impression qu'ils crient, et ça risque de dénoter un manque de contrôle ou d'arguments.

Une voix chevrotante ou hésitante engendre le doute sur ce que vous dites. Un ton sec garde votre interlocuteur à distance et met un frein à l'argumentation. Une voix enjouée est associée à une personne accueillante et de bonne humeur, alors qu'une voix monocorde suppose une personne amorphe et résignée.

Vous n'êtes pas sûr de savoir comment votre voix est perçue? Pourquoi ne pas vous enregistrer ou la faire critiquer par une personne qui s'y connaît?

Tirez avantage des pauses et des silences

Utilisés stratégiquement, les pauses et les silences peuvent être non seulement utiles pour vous permettre de rassembler vos idées, mais peuvent également contribuer à vous faire mieux paraître. Les politiciens, les conférenciers et les porte-parole chevronnés s'en servent judicieusement lorsqu'ils ne savent plus quoi dire ou répondre, quand ils ont un trou de mémoire, quand ce qu'ils disent devient important ou quand ils désirent laisser à leur auditoire le temps d'assimiler ce qu'ils viennent de dire. Les silences servent aussi à rattraper le fil perdu, à contrôler la tension ou à marquer un changement de rythme.

Des sujets de conversation pour toutes les occasions

Les sujets de conversation sont nombreux. Tous sont utilisables en autant qu'ils soient présentés de manière engageante, sincère et confortable. Il importe toutefois de déterminer lesquels sont les plus appropriés à la situation et à l'auditoire.

De quoi allez-vous bien pouvoir leur parler ?

L'auteure américaine Susan RoAne, experte en réseautage, compare les conversations informelles à un repas communautaire : lorsqu'on est invité à ce type de repas, dit-elle, on réfléchit à ce qu'on va apporter avant de s'y rendre. Si on ne le faisait pas, tous les invités débarqueraient avec une salade ou des fromages. C'est un peu la même chose en matière de conversation, particulièrement pour les gens qui n'y sont pas habitués.

Le réseautage ne se résume pas à se présenter et à échanger des cartes professionnelles. Un peu de recherche et de préparation avant de vous rendre à un événement vous évitera de rester muet pendant toute la rencontre, de faire tapisserie ou de vous mettre les pieds dans le plat.

Vous prévoyez passer quelques minutes ou quelques heures en compagnie d'un client, d'un associé ou même d'un collègue ? Que vous participiez à une foire commerciale, preniez l'avion ensemble, passiez la journée sur un terrain de golf ou dans une chaloupe à taquiner la truite, vous avez tout intérêt à prévoir des sujets de conversation si vous ne voulez pas passer pour quelqu'un d'inculte ou d'ennuyeux.

Il ne s'agit pas de viser à devenir une encyclopédie ambulante, mais d'être au courant de ce qui se passe autour de vous ou de ce qui est susceptible de toucher votre interlocuteur prochainement. Le monde est bien petit et les nouvelles voyagent à la vitesse de l'éclair. Vous avez tout intérêt à demeurer informé. Ça fait de vous un membre important dans un réseau.

Aujourd'hui directrice du service des affaires universitaires à l'Université McGill, à Montréal, Kate Williams a été formée toute jeune à l'art de la conversation. Petite-fille du célèbre docteur Penfield, elle tire encore profit de la règle qui régnait chez son grand-père : chaque jour, tous les convives, même les enfants, devaient prévoir trois sujets de conversation à utiliser à table.

Mieux vaut commencer à vous exercer entre amis ou en famille si vous appréhendez chaque minute passée en compagnie de personnes que vous connaissez peu ou avant d'avoir sept heures de vol à faire avec un nouveau partenaire d'affaires. Je vous prédis un voyage beaucoup plus agréable.

L'inspiration, ça se travaille !

Pour vous assurer de ne jamais être à court de sujets de conversation, la première chose à faire est de vous intéresser à ce qui se passe autour de vous, aux grands enjeux mondiaux et à ce qu'en pensent les gens. Les sources sont nombreuses : la lecture régulière des grands titres de l'actualité (incluant les cahiers des sports et des arts) et des articles portant sur les sujets qui vous intéressent personnellement, les nouvelles et les grands dossiers à la télévision ou à la radio, à l'aller et au retour du travail. Le fait de demander l'avis de votre conjoint ou de vos collègues sur certains sujets pourrait également vous être d'un grand secours.

À défaut d'avoir une opinion sur tout, on peut toujours développer sa curiosité. Si on n'en sait pas suffisamment sur un sujet pour prendre position, le fait de solliciter l'avis des autres peut vous rendre tout aussi intéressant.

Vous aurez à voyager avec un collègue ou un client ? Tentez de connaître, avant le départ, ses champs d'intérêt ou ses passe-temps. Au besoin, consultez son entourage ou vos contacts à son sujet. Au minimum, renseignez-vous sur son secteur d'activité.

Pour être sûr que votre interlocuteur soutienne la conversation, évitez de lui poser des questions auxquelles il peut simplement répondre par oui ou par non. Au lieu de demander « Est-ce que cela vous préoccupe ? », optez pour « Qu'en pensez-vous ? »

9 PISTES À EXPLORER POUR DÉMARRER ET POURSUIVRE UNE CONVERSATION

1 Au cours d'une rencontre d'affaires ou d'un colloque ou congrès, vous n'avez pas à vous creuser la tête inutilement, car vous avez la même raison d'être là que les autres. Néanmoins, vous devez amorcer la conversation par un sujet ou un commentaire positif, car souvenez-vous que la première information échangée a plus de poids que les suivantes. Alors, gardez vos problèmes de transport, de bagages égarés ou de température exécrable pour plus tard.

2 Demeurez « dans le moment », comme disent les Américains. Le sujet le plus facile et le plus confortable demeure l'endroit où vous êtes et les gens qui s'y trouvent. Parlez de ce que vous voyez et entendez, de façon positive. Il n'y a pas de risque à commenter le programme de la journée et à vous enquérir du choix d'ateliers que votre interlocuteur a fait.

3 Prévoyez quelques « brise-glace », ces petites phrases qui permettent d'engager la conversation avec les gens qui ne vous ont pas été présentés officiellement. Privilégiez une approche ouverte. Par exemple : « Je n'aurais pas imaginé que ce sujet attirerait tant de monde.

Est-ce le sujet qui vous a attiré ou la réputation du conférencier?» ou encore: «Vous semblez connaître les lieux. Est-ce toujours ici que se tiennent les activités du groupe?» À une foire commerciale, on vous présente un inconnu avec lequel vous devez faire un brin de causette. Il y aurait lieu de lui demander: «Faites-vous partie de l'industrie ou êtes-vous, comme moi, un visiteur?» ou encore: «Êtes-vous venu pour acheter ou pour vendre?»

4 Prévoyez une phrase de conclusion à utiliser au besoin. La section «Mettez fin à une conversation avec courtoisie» ci-après vous en propose quelques-unes.

5 Assurez-vous de pouvoir exprimer votre opinion sur des sujets qui ne prêtent pas à controverse. Faites preuve de prudence avec la politique, la religion, les particularités ethniques et les conflits armés.

6 Vous êtes à court d'idées? Rabattez-vous sur des expériences vécues, par vous ou par d'autres, sur des événements courants, sur des livres que vous avez lus ou sur des films ou des reportages que vous avez vus.

7 La veille de l'événement, si vous avez négligé de suivre l'actualité ces derniers temps, lisez les journaux afin d'être en mesure de contribuer de manière intelligente ou appropriée à une discussion sur un sujet d'actualité. Vous devez vous rendre dans une autre région? Procurez-vous le journal de l'endroit ou écoutez la station radiophonique locale pour prendre connaissance des dernières nouvelles: vol à main armée à la banque, pressions pour empêcher l'ouverture d'une grande surface, saisie de plants de cannabis chez un cultivateur en vue, etc.

8 Exercez-vous à écouter attentivement vos interlocuteurs et à les regarder dans les yeux. Leurs commentaires et leurs réponses pourraient bien vous inspirer d'autres sujets.

9 Vous êtes maladroit de nature ? Exercez-vous à parler avec un verre et une assiette dans les mains sans renverser ni casser quoi que ce soit. Si tous vos efforts sont vains, soyez-en conscient. Vous risquerez moins d'accroître votre malaise si vous vous en tenez à un seul élément, en choisissant le verre ou l'assiette. Et pourquoi ne pas vous inscrire à un atelier sur l'étiquette ?

Le respect des autres a toujours sa place

Soyez à l'affût des indices que vous envoient votre ou vos interlocuteurs. Assurez-vous de leur fournir l'occasion d'ajouter leur grain de sel ou de faire part de leur expérience en prenant des pauses durant votre conversation ou en les invitant directement à le faire : « Qu'en pensez-vous ? » S'ils ont l'air mal à l'aise, n'insistez pas. Changez tout simplement de sujet. S'ils parlent avec passion, vous avez trouvé un filon à explorer.

Partez à la recherche de points communs, qui facilitent la création de liens. Laissez-vous découvrir. Votre interlocuteur ne semble pas vouloir vous suivre sur ce terrain ? Demeurez dans le domaine plus impersonnel.

Les conversations à table

De plus en plus de gens d'affaires apprennent à se connaître autour d'un repas. Puisqu'on doit tous manger, c'est une façon agréable de gagner du temps et de sympathiser. Que vous vous rendiez rencontrer votre partenaire dans la salle à manger d'un hôtel cinq-étoiles ou que vous ayez pris place à la table d'un chalet de pêche, vous avez tout à gagner à vous préparer.

4 BONS TUYAUX POUR CRÉER DES LIENS AUTOUR D'UN REPAS

1 Renseignez-vous sur l'entreprise du ou des participants : lisez leur brochure publicitaire ou leur rapport annuel, visitez leur site Internet ou même un de leurs commerces quelques jours avant la rencontre. Votre apport à la conversation n'en sera que plus apprécié.

2 Prévoyez quelques sujets de conversation : observations suscitées par l'environnement où vous vous trouvez, nouvelles législations, potins sur l'industrie, qui fait quoi, qui est rendu où, etc.

3 Écoutez attentivement ce que vos compagnons de table ont à dire. Leurs propos pourraient bien s'avérer des pistes nouvelles pour peu que vous y prêtiez attention.

4 Respectez l'étiquette des affaires du milieu. Et, de grâce, fermez votre téléphone cellulaire avant de vous asseoir.

Peu importe le type d'entreprise où vous ou vos partenaires travaillez, il existe au moins une publication qui traite de ce secteur d'activité. Une visite dans les grands kiosques à journaux vous surprendra. Votre localité n'a pas le choix espéré ? Il y a fort à parier que vous les trouverez à la bibliothèque. Les lire attentivement pourrait vous fournir aussi plein d'information sur la concurrence. Et il y a toujours une foule de sites Internet pour vous renseigner.

S'il n'est pas toujours possible d'obtenir les renseignements voulus avant un lunch de la chambre de commerce, par exemple, vous pouvez quand même travailler à mettre toutes les chances de votre côté en scrutant les journaux locaux. Vous projetez d'aborder le conférencier ou une personne en particulier ? Tentez de vous renseigner sur ses champs d'intérêt en lisant des articles à son sujet ou en vérifiant

auprès du personnel de son bureau – la demande de tels renseignements, qui sont d'ordre public, est tout à fait appropriée. Une question
sur la performance de sa nouvelle voiture pourrait avoir plus d'impact
qu'un commentaire sur les derniers états financiers de sa firme.

La majorité des gens qui ont une passion, ou simplement une spécialité (elle peut être de tout ordre), ne demandent pas mieux que de
partager leur savoir et de répondre à vos questions. Vous ne connaissez rien au dada de la personne à qui vous souhaitez parler ? Vous
pourriez toujours lui demander comment elle en est venue à collectionner les papillons ou encore à cultiver les orchidées. Il ne faut pas
avoir peur d'admettre qu'on est ignorant sur un sujet. Quelques questions et vous serez savant pour la vie !

Allez au-delà du premier contact

Une fois que vous êtes fixé sur ce que chacun fait dans la vie, il
devient beaucoup plus facile d'évaluer ce que vous pourriez réaliser
ensemble, de manière à ce que ça vous soit mutuellement bénéfique.
La plupart des gens fréquentent les événements de réseautage dans le
but de rencontrer un maximum de personnes ; aussi, après cinq à sept
minutes de conversation, il est tout à fait normal de saluer votre interlocuteur et de vous diriger vers une autre personne.

Vous étiez à table et vous avez ressenti des atomes crochus avec certains
convives ? Ce premier contact devrait vous permettre de décider si la
relation avec eux doit être poursuivie. Vous souhaitez revoir une personne en particulier et vous avez l'impression que c'est réciproque ?
Convenez d'une rencontre ultérieure et quittez sur un « Au revoir ! »
bien senti.

On discute rarement d'affaires au cours d'une conversation sociale,
surtout lorsque plusieurs personnes y prennent part. Quand
quelqu'un vous donne, intentionnellement ou non, une information

qui facilitera l'atteinte des objectifs que vous vous étiez fixés, prenez-en note et assurez-vous d'y revenir ultérieurement, en tête-à-tête avec cette personne.

Soyez attentif à ce qui intéresse les autres. Lors de futures rencontres, ces sujets pourraient bien vous servir à redémarrer la conversation.

Certaines personnes ont besoin de temps pour réfléchir. Elles sont réticentes à ouvrir leur cercle immédiat à de nouveaux venus. Dans ce cas, il vaut mieux commencer par « Ce serait agréable de luncher ensemble prochainement » ou « Je vous appelle sous peu. À quel numéro ? Quel est le moment de la journée le plus propice pour vous joindre ? » Si vous êtes attentif à son langage corporel et verbal, vous sentirez tout de suite si l'intérêt est partagé ou non. On ne peut pas forcer un cœur à aimer.

Il serait bon que vous gardiez à l'esprit qu'il existe un tas de bonnes raisons pour qu'une personne préfère ne pas vous revoir en tête-à-tête. Elle est dans sa période la plus fébrile ou ses obligations ne lui permettent pas de vous rencontrer au moment où vous le désirez. Elle obtient peut-être déjà le même type de service d'un fournisseur concurrent qui est devenu un bon ami et ne veut pas vous faire perdre votre temps en vous rencontrant. Il est possible également qu'elle ne soit pas aussi impressionnée par vous que vous l'êtes par elle ou encore, qu'elle n'ait pas ressenti le besoin d'un nouveau contact dans votre champ d'expertise.

Si vous tenez vraiment à poursuivre la relation, vous devez maintenant lui donner envie de vous revoir, notamment en vous faisant mieux connaître d'elle – souvent par l'intermédiaire d'un contact commun. Ou encore voir à ce que vos chemins se croisent en d'autres circonstances. Par exemple, si vous apprenez que cette personne s'occupe d'une campagne de financement, proposez-lui votre aide bénévole ou, à tout le moins, faites une contribution financière à l'œuvre qu'elle soutient.

Vous pouvez être la personne la plus sympathique qui soit et, pour des raisons qui vous échapperont toujours, vous ne plairez pas à tout le monde. Les circonstances peuvent changer toutefois. Si vous n'avez pas montré d'amertume ou de dépit après un refus, il y a de fortes chances qu'un jour vous récoltiez ce que vous avez semé.

Sachez changer de sujet

Peu de gens se pâment à écouter la description détaillée d'une intervention chirurgicale, d'une correspondance aérienne ratée en raison de nouvelles mesures de sécurité ou de petites misères quotidiennes. Certains sujets sont de pures pertes de temps et devraient être évacués de votre conversation.

Or, aussi ennuyeux et inopportuns que soient les propos de la personne qui parle, on appréciera davantage l'intervention de celui qui l'interrompt avec finesse et qui enchaîne subtilement avec un autre sujet. Voici quelques façons de le faire :

■ *« Justement, ça me rappelle... »* Associez une nouvelle idée ou donnez une nouvelle direction à celle dont il est question actuellement. Pour interrompre une personne en pleine envolée oratoire, demandez-lui son avis sur quelque chose qui a trait de près ou de loin à ce qu'elle raconte. La question doit être sincère ou appropriée, sinon la personne que vous interrompez le réalisera aussitôt. Vous êtes impatient, ça va, mais vous ne voulez quand même pas vous en faire une ennemie ! L'exemple classique est celui d'une mère qui s'extasie sans arrêt devant les exploits de son bambin. Vous pourriez lui demander comment elle arrive à concilier harmonieusement son rôle de mère attentive et sa carrière. Si les autres participants ont aussi envie de parler d'autre chose, il y a de fortes chances qu'ils suivent avec plaisir cette nouvelle piste.

■ *Si vous êtes en route vers votre destination, attirez l'attention de la per-sonne sur une scène ou un panorama* suffisamment intéressant pour justifier une interruption. Il ne reste plus qu'à reprendre la conver-sation en lui donnant une direction plus constructive.

■ *Profitez de l'arrivée d'une nouvelle personne dans le groupe et permettez-lui de se présenter.* La questionner sur son secteur d'activité ou ses champs d'intérêt peut relancer la conversation dans un sens plus utile ou à tout le moins plus rafraîchissant.

Mettez fin à une conversation avec courtoisie

Au moment de quitter la personne, vous pouvez clore en disant sincèrement: «Je suis heureux de vous avoir rencontré [ou de vous avoir parlé]» ou «Cette rencontre me fait grand plaisir.» Lorsque vous quittez un groupe, saluez toujours avant de quitter les lieux. Ne partez pas comme un voleur.

Vous vous devez de garder en réserve quelques phrases clés qui vous permettront de terminer une conversation et de quitter un interlocu-teur de façon courtoise. Tout comme il vous faut apprendre comment réagir quand quelqu'un vous fausse compagnie.

Voici quelques exemples de formules non compromettantes et aimables qui nous ont été suggérées par des participants à nos ateliers.

3 FAÇONS POLIES DE PRENDRE CONGÉ D'UN INTERLOCUTEUR

1 «*Je vais renouveler ma consommation...*», *et vous vous dirigez vers le bar.* Remarquez qu'un éventuel retour n'est pas mentionné. Ne dites surtout pas: «Je vous reviens dans un instant» si vous n'avez pas l'in-tention de le faire.

2 *« Je vois Marie là-bas. Je ne l'ai pas vue depuis des lustres. Excusez-moi. »* Remarquez que vous n'avez pas mentionné où se trouvait votre amie. Vous pouvez donc prendre la direction que vous voulez. Surtout, vous n'avez pas indiqué qui est Marie !

3 *« Je dois partir maintenant, excusez-moi ! »* Si vous et votre interlocuteur avez échangé vos noms, assurez-vous d'ajouter : « Ce fut agréable de faire votre connaissance, Jacques. » N'ajoutez pas « Au plaisir de vous revoir » si vous n'en éprouvez pas vraiment le désir. Quittez rapidement les lieux une fois que vous avez annoncé votre départ. Il serait maladroit de vous éterniser, et carrément impoli, voire blessant pour votre interlocuteur, d'attendre de voir venir quelqu'un de plus intéressant avant de faire vos adieux. Cela se sent toujours. Votre interlocuteur, qui achève de vous décrire toute l'organisation de son entreprise, ne semble pas vouloir vous donner l'occasion de parler de vous ? Vous pourriez le quitter en disant : « J'ai eu un grand plaisir à mieux connaître votre entreprise. Lors de notre prochaine rencontre, je tenterai, s'il y a de l'intérêt, de vous renseigner sur la mienne. »

C'est vous qu'un interlocuteur quitte ? Dites-lui simplement que vous êtes content de l'avoir rencontré. N'ajoutez surtout pas « Je vous suis ». Laissez la personne partir, elle a probablement d'excellentes raisons de le faire. Vous vous sentez abandonné ? Vous avez peut-être évité une rencontre ennuyeuse ou sans lendemain. Prenez une grande respiration, accrochez-vous un sourire au visage et partez à la recherche d'une personne d'apparence accueillante.

À ne pas faire

Même les néo-réseauteurs partis gonflés à bloc reviennent parfois dépités d'activités de réseautage parce qu'ils n'ont pas connecté comme ils l'espéraient. Voici quelques conseils pour éviter les faux pas classiques :

■ *Ne gardez pas le silence.* Si vous êtes un écouteur chronique, les gens penseront soit que vous êtes amorphe ou timide, soit que la conversation ne vous intéresse pas. Après quelques minutes, ils ne vous verront même plus.

■ *Ne versez pas dans le monologue.* Converser, c'est parler *avec* et non *à* des gens. Écouter est une partie essentielle de la conversation et une preuve de courtoisie et d'intérêt envers autrui. Si votre malaise vous pousse à parler sans arrêt, soyez-en conscient et tentez de vous défaire de ce comportement.

■ *Ne sautez pas du coq à l'âne.* Idéalement, la conversation ne doit pas tourner en rond ni sauter d'un sujet à l'autre, sauf si vous venez de rencontrer un ami que vous n'avez pas vu depuis longtemps.

■ *Ne vous éternisez pas sur le sujet.* La conversation est comme une partie de ballon : une fois que vous avez émis votre opinion sur le sujet, ne gardez pas le ballon mais renvoyez-le à un autre joueur. Ce dernier fera de même. S'il ne le fait pas, posez une question susceptible de tirer du silence les autres joueurs. On vous en sera reconnaissant.

■ *Ne changez pas de sujet précipitamment.* Permettez à tous ceux qui désirent émettre leur opinion de le faire. Ensuite seulement, vous pourrez passer à autre chose. Participer à une conversation à plusieurs lorsque le sujet ne nous inspire pas peut s'avérer pénible. Vous en doutez ? Exercez-vous avec les membres de votre famille, à table. Si vous arrivez à les faire discuter sur le même sujet pendant 30 minutes, vous pouvez vous réjouir de votre succès.

■ *Ne mettez pas les gens dans l'embarras.* Quand vous savez qu'un participant connaît beaucoup moins le sujet que les autres, évitez de le forcer à l'avouer. Dans le même ordre d'idées, ne forcez pas la main d'une personne qui vous a déjà refusé une information ou un service particulier en revenant à la charge durant la conversation et de l'obliger ainsi à vous dire « Non, je regrette » en présence d'autres personnes. Évitez de les mettre mal à l'aise en leur demandant des services qui vont à l'encontre de leur code d'éthique ou de leurs valeurs fondamentales, ou de dévoiler des renseignements confidentiels.

ÉCOUTER ET QUESTIONNER : UN JEU D'ALTERNANCE

Il existe un moyen éprouvé de mieux connaître vos clients et vos contacts actuels et potentiels, de même que pour vous faire connaître et apprécier d'eux : **jouer l'alternance** de façon stratégique. Il s'agit d'écouter attentivement votre interlocuteur, de lui poser une question pertinente et d'écouter tout aussi attentivement la réponse. Jouez le jeu, et je vous le garantis, vous aurez tôt fait de réaliser la puissance des questions.

Développez l'art de l'écoute

Peu de gens possèdent vraiment l'art de l'écoute. Il me semble que, même dans les établissements d'enseignement de haut savoir, on prépare mieux les étudiants à s'exprimer qu'à améliorer leur capacité d'écoute.

Happés par les distractions lorsqu'une personne parle, les auditeurs préparent déjà leur riposte. Ils sont ensuite les premiers à blâmer l'émetteur pour ne pas avoir transmis clairement son message. Pourtant, l'une des clés de la vente personnelle et professionnelle, tout autant que du succès du réseautage, réside dans l'habileté à écouter. Processus actif et complexe, le fait de bien écouter requiert la connaissance de quelques principes de base et **beaucoup** de pratique.

7 RAISONS POUR LESQUELLES LES GENS N'ÉCOUTENT PAS AUSSI BIEN QU'ILS LE DEVRAIENT

1 *Ils sont centrés sur eux-mêmes et sur leurs bibittes.* Il leur est difficile de changer rapidement de sujet ou de participer activement à ce qui est exprimé. Ils ont du mal à s'intéresser sincèrement aux autres.

2 *Ils sont conditionnés à interrompre leur interlocuteur le plus rapidement possible.* Ils veulent toujours prendre les devants. Ils auraient souvent intérêt à laisser l'autre aller au bout de son idée.

3 *Ils sont pressés de réfuter ce que l'autre personne énonce.* On dirait qu'ils craignent d'oublier les arguments qu'ils comptent faire valoir pour se mettre en valeur.

4 *Ils se laissent souvent distraire par tout ce qui se passe autour d'eux.* Ils devraient apprendre à se concentrer sur l'émetteur.

5 *Ils sautent trop vite aux conclusions.* Ou encore, ils pensent à des solutions possibles avant même que les faits ou les circonstances ne soient connus.

6 *Ils ont tendance à rejeter certains des renseignements émis par leur interlocuteur.* En d'autres mots, ils n'accordent pas de crédibilité à la personne qui les leur transmet.

7 Ils ont l'oreille sélective. Ils sont sourds à toute information contraire à celle qu'ils voudraient entendre ou qui bouscule leurs certitudes.

Écoutez religieusement

L'écrivaine Fran Lebowitz disait : « Le contraire de parler n'est pas écouter. Le contraire de parler est entendre. » Pour bâtir une relation durable, rien ne vaut l'écoute. Écouter est un verbe actif où il ne s'agit pas d'opiner du bonnet une fois de temps en temps en attendant votre tour de parler. Pour être un bon auditeur, vous devez vous oublier et diriger entièrement votre attention vers l'émetteur.

Il paraît qu'on peut utiliser jusqu'à 150 mots à la minute alors que plus de 800 mots peuvent nous venir à l'esprit dans le même laps de temps. Voilà pourquoi vous devez vous entraîner à porter attention à la personne qui parle au lieu de laisser votre esprit vagabonder. Pour rendre l'exercice encore plus difficile, le réseautage se fait souvent dans des endroits bruyants où plusieurs conversations sont menées de front. Rester centré sur la conversation en cours demande souvent une forte dose de concentration et de courtoisie.

Le réseauteur averti utilise les activités de réseautage pour entrer en relation avec d'éventuels clients ou contacts **et non pour faire état de ses prouesses**. La meilleure façon d'y arriver est encore de poser des questions et d'écouter religieusement les réponses de ses interlocuteurs. Ainsi, son radar pourra plus facilement détecter leurs problèmes ou leurs besoins et le mettra en meilleure position de leur proposer des solutions.

Le fait d'écouter quelqu'un parler de ses coups de cœur, de ses passions ou de son travail fera en sorte que vous aurez tôt fait de dépister les occasions et les activités de suivi les plus appropriées et les plus profitables. Par exemple, l'horticulture ornementale le passionne ? Vous lui offrez un laissez-passer pour l'exposition printanière au Jardin botanique ou l'abonnez durant un an au site Internet de l'Association des amateurs d'horticulture. Elle milite en faveur du développement durable ? Vous lui offrez de faire circuler dans votre réseau l'invitation à la prochaine conférence publique sur le sujet.

Une relation à long terme ne peut s'établir qu'après six ou huit rencontres. Il est donc important d'avoir en tête plusieurs questions ou sujets susceptibles de relancer d'éventuelles conversations – de nombreuses sources de questions suivent dans ce chapitre –, qui, en retour, serviront à alimenter la relation.

La puissance des questions

Peu de gens réalisent et utilisent stratégiquement la puissance et le contrôle engendrés par le savoir et la capacité de poser des questions intelligentes et appropriées tant aux circonstances qu'aux personnes présentes.

J'ai souvent lu que la personne qui interroge est celle qui détient le pouvoir dans une conversation. Comme le réseautage repose essentiellement sur la capacité de bâtir des relations avec des personnes qu'on connaît et en qui on a confiance, les bénéfices d'une question pertinente sont on ne peut plus clairs.

5 MOTIFS POUR POSER PLUS DE QUESTIONS

1 *Pour maîtriser la conversation.* Même si elle semble parler moins que les autres, c'est la personne qui pose les questions qui maîtrise la situation. Forcément, la conversation prend la direction qu'elle impose.

2 *Pour donner le rythme et le ton à la conversation.* Par la longueur et la fréquence des questions que vous posez, il est possible de contrôler le rythme que prendra la conversation. Les questions brèves amènent normalement des réponses courtes, ce qui en augmente le rythme, tandis que les questions posées simplement et avec bonhomie donnent lieu à un échange enjoué.

3 *Pour obtenir des renseignements susceptibles d'être aussi inattendus qu'utiles.* Lorsqu'on insiste pour garder le plancher et parler sans cesse de soi-même, on n'apprend rien de nouveau sur quoi que ce soit. On répète simplement haut et fort ce qu'on sait déjà. En revanche, poser des questions pertinentes à notre interlocuteur peut l'amener à nous fournir des renseignements d'une valeur souvent inestimable.

4 *Pour créer ou favoriser des occasions d'affaires et de réseautage.* Apprendre des participants ce qu'ils font et ce dont ils ont besoin permet de découvrir et d'approfondir les occasions potentielles d'affaires et d'échanges.

5 *Pour faire ressortir les affinités et les connexions possibles.* Le fait de mieux connaître vos contacts fera en sorte qu'il vous sera plus facile de détecter les affinités qu'ils pourraient partager, facilitant ainsi votre rôle de « connecteur ».

Évitez le sens unique

La majorité des gens aiment se sentir en contrôle. Il est facile de favoriser l'approche « à sens unique » et d'utiliser les questions pour contrôler la conversation, comme d'éviter que l'autre ne s'intéresse à vous en le questionnant sur lui-même inlassablement. Vous n'arriverez pas à développer une véritable relation si vous esquivez toute révélation sur vous ou votre entreprise.

Attention à l'écoute simulée !

Je connais quantité de personnes qui sont passées maîtres dans l'utilisation de questions qui visent en réalité à ramener rapidement les projecteurs sur elles, telles que : « J'ai l'impression que votre expérience diffère de la mienne, ai-je raison ? » Votre interlocuteur précise la sienne et, bien poliment, enchaîne : « Et vous, quelle est votre expérience ? » Voilà un retour au questionneur, tout fin prêt à se retrouver sous les projecteurs.

Par contre, certains auditeurs attendent impatiemment leur tour de sauter dans l'arène. Ils feignent un intérêt pour autrui en utilisant les signaux d'écoute habituels, mais en en augmentant le rythme, notamment des « Uh-huh, Uh-huh, Uh-huh » ou des hochements de tête rapides. Ces indices communiquent une impatience et le désir de reprendre rapidement la parole plutôt qu'un réel intérêt à l'égard de la personne qui parle. Soyez constamment à l'affût de votre langage non verbal.

Des sources de questions

Savoir quoi demander à un interlocuteur, vous l'aurez deviné, ressemble beaucoup à savoir **quoi lui dire**. Les sources de questions sont aussi nombreuses et variées que celles des sujets de conversation mentionnés dans le chapitre précédent et dans le site Internet www.lise-cardinal.com.

Lire les journaux ou les revues spécialisées, écouter la radio, regarder la télévision, participer à des séminaires, assister à des spectacles, demander l'opinion de votre entourage ou d'experts, ou simplement observer l'environnement où vous circulez peuvent vous apporter autant de sujets de questions que vous pouvez en désirer. Elles peuvent prendre la teinte que vous souhaitez : impersonnelles et neutres ou carrément intéressées. La différence ? Voyez par vous-même : « Les émissions de téléréalité font exploser les cotes d'écoute. Que pensez-vous de ce phénomène de société ? » ou « Qu'est-ce que vous retenez de cette réunion jusqu'à maintenant ? »

Il n'y a pas de mal non plus à s'enquérir si une personne est sur le marché du travail et, dans l'affirmative, de lui demander dans quel secteur d'activité elle évolue et pour quelle entreprise elle travaille. Pas plus que de s'informer de ses passe-temps ou de l'endroit où elle prend ses vacances, ni même à quels bulletins ou revues sectoriels elle est abonnée. Je le répète : vous voulez vous **intéresser** à cette personne !

Posé avec une saine curiosité et sans insistance, ce genre de questions est généralement bien reçu et tend à vous offrir l'occasion de fournir le même type de renseignements à votre interlocuteur. C'est un pas dans la bonne direction si on aspire à faire meilleure connaissance. «Je suis consultant en marketing dans le secteur pharmaceutique, et vous ? » ou « Le patin à roues alignées séduit continuellement de nouveaux adeptes ; est-ce un sport que vous pratiquez ? » La question «Qu'est-ce que vous faites de vos fins de semaine ? » pourrait toutefois attendre une deuxième ou une troisième rencontre.

Avez-vous remarqué dans vos entretiens que les questions engendrent les questions ? Ainsi, quand vous écoutez attentivement les réponses à vos questions, le goût d'en savoir plus ou le besoin d'éclaircissements suscitent d'autres questions, comme un jeu d'action-réaction ; une conversation s'établit et la relation s'amorce.

Jouez à l'intervieweur

Les gens ont plein d'histoires en tête, il suffit de leur fournir la chance de les raconter et de les écouter jusqu'aux derniers mots. Deux ou trois questions bien ciblées peuvent déclencher le mode « confidence » chez votre interlocuteur. Voici quelques exemples :

■ « Depuis quand travaillez-vous dans ce secteur d'activité ? Qu'est-ce qui vous a attiré ou retenu dans ce secteur ? » Ces questions conviennent bien à des personnes d'expérience ou plus âgées que soi.

■ « Qu'est-ce qui vous a attiré à ce congrès ? Qu'est-ce que vous avez trouvé de particulièrement intéressant jusqu'ici ? Êtes-vous inscrit au tour de ville offert aux participants ? » Vous pourriez vous découvrir des affinités ou des intérêts communs.

■ « Quels sont vos principaux concurrents ? Êtes-vous en mesure de déléguer lorsque vous vous absentez ? » Vous aurez ainsi une meilleure idée de la taille de son entreprise.

■ « Quel type de base de données utilisez-vous pour la prise de commandes ? » ou « Avez-vous une équipe interne qui assure l'installation et le soutien informatique aux utilisateurs ? » L'importance de l'équipement informatique utilisé et du soutien nécessaire à celui-ci vous informent de la sophistication des processus et de l'impact des nouvelles technologies sur la productivité de l'entreprise.

Les exemples précédents démontrent qu'il est fort utile de découvrir tant la personne que ses activités professionnelles. Votre curiosité est piquée mais le temps vous manque ? Ou vous ne voulez pas accaparer votre interlocuteur trop longtemps ? Pourquoi ne pas proposer un rendez-vous pour un prochain tête-à-tête ?

Écoutez activement

Écouter ne va pas de soi. Cela suppose que vous soyez tolérant envers les autres et demande que vous décidiez d'en faire l'effort. Retenez que de développer l'habitude d'écouter activement peut faire de vous un meilleur communicateur, améliorer vos relations interpersonnelles et votre capacité à persuader et à négocier.

Tendez d'abord l'oreille, parlez ensuite

La majorité des gens pensent que l'art de la communication se résume à savoir parler facilement. On oublie trop souvent que la communication est un **échange**. Les spécialistes de l'écoute active vous le diront : plus vous écoutez, plus vous vous oubliez, plus vous apprenez de votre interlocuteur, et aussi sur vous-même.

En affaires comme dans la vie privée, on apprécie la compagnie de gens qui savent écouter. À moins d'être conférencier ou enseignant, la majeure partie du temps que nous passons à communiquer avec les autres consiste à écouter. Il s'agit non seulement d'entendre, mais aussi d'observer la cohérence avec le langage corporel, de comprendre et de réagir à ce qu'on entend et perçoit.

Avez-vous remarqué comme les coiffeurs et les esthéticiennes ont une bonne oreille ? Pas étonnant qu'ils soient de si formidables puits d'information ! Quand vous êtes attentif, que vous souriez et opinez de la tête, que vos yeux sont rivés sur la personne qui parle, celle-ci sait, elle *sent,* que vous l'écoutez vraiment et que vous vous souviendrez mieux de ce qu'elle a dit.

Bien sûr, il nous arrive à tous de nous réfugier sur une autre planète pendant un discours ennuyeux ou une réunion qui s'étire indûment, ou d'être accaparé par un problème personnel… et, souvent, nous n'en sommes pas vraiment conscients. Cependant, dans une conversation à deux ou même à quatre, votre « absence » risque grandement d'être remarquée.

On vous a surpris en flagrant délit ? Admettez-le (même si c'est difficile pour l'ego), excusez-vous et demandez à votre interlocuteur de reprendre une partie de son exposé. C'est vrai que les gens sont très sensibles au manque d'attention et susceptibles de se sentir frustrés… mais on dit qu'une faute avouée est à demi pardonnée. C'est le temps de vérifier !

Les bons auditeurs ne courent pas les rues

Écouter est souvent perçu comme une activité passive. Or, si vous pratiquez l'écoute active, vous entendrez bien des choses intéressantes et serez en mesure de confirmer les propos de votre interlocuteur, de manière à éviter tout malentendu, en posant des questions additionnelles ou en lui exprimant ce que vous avez compris dans vos propres mots. « Si je te suis bien, tu préfères que… plutôt que… parce que… » Ne présumez jamais de ce que l'autre veut dire, vérifiez !

La vérité, je le répète, est que nous préférons de loin parler. Nous nous préoccupons en général beaucoup plus de nous-mêmes et de ce que nous voulons entendre que d'autrui. Sans compter tous les facteurs externes tels la température ambiante, le bruit, l'entourage ou les fauteuils inconfortables qui affectent notre capacité d'écoute. Pour toutes ces raisons, l'écoute active ou engagée exige un effort conscient et beaucoup d'entraînement.

Jean-Pierre Lauzier, maître vendeur devenu formateur et conférencier, et qui a su relever les défis de l'écoute active, croit même que lorsqu'on écoute attentivement quelqu'un, celui-ci s'en trouve désarmé : on l'oblige à se concentrer sur ce qu'il dit et à bien définir ses problèmes et ses besoins. En laissant votre interlocuteur s'exprimer, vous lui permettez de clarifier sa pensée... un peu comme le ferait un thérapeute. Lorsqu'il sait que vous l'écoutez réellement, il n'hésite plus à parler de lui, de ses préoccupations, de ses préférences et de ses attentes. Et quand il n'hésite plus à parler de lui, vous apprenez toutes ces choses que vous voulez savoir.

Dans son ouvrage *Champion de la vente,* Michel Bélanger livre les règles de l'écoute active. Avec sa permission, je vous en livre quelques-unes :

■ *Soyez patient.* Même si votre interlocuteur a du mal à exprimer son point de vue, accordez-lui toute votre attention. C'est encore la meilleure façon de créer chez lui un état de réceptivité.

■ *N'interrompez pas votre interlocuteur.* Encouragez-le plutôt à parler et à développer sa pensée, en répétant les mots clés de sa dernière phrase, en le relançant sur ce qu'il vient de dire (« Ah oui ! », « Vraiment ? », « Comment expliquez-vous cela ? », etc.) ou simplement en hochant la tête.

■ *Respectez ses pauses.* Une pause ne signifie pas que votre interlocuteur a fini de parler. C'est souvent l'occasion pour lui de rassembler ses idées. Voyez-le comme une occasion d'assimiler son discours. Efforcez-vous de rester silencieux.

■ *Ne devancez pas sa pensée.* On aime bien montrer qu'on connaît la réponse, mais terminer les phrases de son interlocuteur peut finir par l'agacer prodigieusement ou par écourter une conversation.

■ *Soyez objectif.* Mettez de côté vos pensées, vos valeurs et vos sentiments. Écoutez votre vis-à-vis objectivement, sans préjugés ni idées préconçues. Vous pourriez faire d'intéressantes découvertes.

■ *Mettez vos interlocuteurs à l'aise.* Lorsque deux personnes se parlent pour la première fois, leur priorité consiste à faire bonne impression et à se trouver un point commun. Si vous êtes un peu mal à l'aise au moment de faire de nouvelles rencontres, dites-vous qu'il y a de fortes chances que l'autre soit aussi tendu que vous.

■ *Soyez attentif.* Il est difficile pour la majorité des gens d'être complètement attentifs aux autres. Vous ne pouvez prévenir les distractions mentales, mais vous pouvez y réagir en vous gardant actif. Faites un effort supplémentaire d'attention quand vous rencontrez quelqu'un pour la première fois, posez des questions, penchez-vous vers lui, bougez, souriez, tentez de mémoriser la couleur de ses yeux – on en parle souvent parce que c'est très important – et mettez-vous au diapason de ses émotions.

■ *Reformulez.* Pour clarifier une expression ou tout le discours de votre interlocuteur, formulez dans vos propres mots et vérifiez si ce que vous avez compris concorde avec ce qu'il a dit. Posez des questions du genre : « Si j'ai bien compris, vous… ? » ou « Vous croyez vraiment que je pourrais communiquer avec un tel au sujet de… ? » ou encore, « En d'autres mots, vous dites que… »

■ *Prenez des notes.* Vous trouvez un argument particulièrement intéressant ? Notez-le pendant qu'il parle. Votre interlocuteur en sera flatté.

■ *Demandez qu'on reprenne un argument.* Vous n'avez pas bien saisi une réponse ? N'hésitez pas à demander qu'on répète ou clarifie : vous prouvez ainsi que vous écoutez et suivez attentivement la conversation.

L'art de répondre

S'il existe un art de poser des questions, il existe aussi un art d'y répondre. Vos réponses doivent viser à satisfaire la curiosité, les intérêts et les attentes de votre interlocuteur, sans pour autant en arriver à livrer des secrets d'État.

La plupart du temps, lorsque quelqu'un vous demande « Comment ça va ? », vous savez très bien que c'est une formule d'accueil toute faite et qu'il ne désire pas entendre le récit de votre vie, et encore moins le bilan de vos infortunes. Répondez tout simplement « Ça va bien, merci ! » avec assurance si c'est le cas ou si vous préférez ne pas en confier plus pour le moment. Sinon, allez-y brièvement de votre réalité : « Ça irait bien si mon budget de marketing n'avait pas été charcuté. Après un bon café, je verrai comment je peux compresser encore. » ou « Pas si mal, mais, comme tu sais, c'est la relâche scolaire la semaine prochaine, et je n'ai pas trouvé de gardienne pour les enfants. »

Quand on vous demande « Et le congé des Fêtes, ça s'est bien passé ? », que devriez-vous répondre ? Vérifiez mentalement l'intérêt véritable de votre interlocuteur et estimez le temps mis à votre disposition pour en parler *avant* de commencer la narration. Durant une première rencontre, vous pourriez vous en tirer simplement avec « Il a fait beau, alors tous les membres de la famille et les amis qui s'étaient réunis à la maison y ont trouvé leur compte. » Vous connaissant peu, on ne voudra pas que vous élaboriez sur le nombre de personnes présentes, les sports pratiqués et les jeux de société auxquels vous avez joué. Dans le doute, choisissez d'être bref.

Équilibrez l'échange

Lorsque nous prêtons l'oreille aux autres, nous sommes naturellement portés à relier nos expériences et nos histoires personnelles à leurs récits. Bien que l'alternance de questions-réponses soit souhaitable pour un échange réussi, il arrive que l'équilibre soit brisé quand un des interlocuteurs succombe trop souvent au réflexe de ramener la conversation vers lui par un «Justement, ça me rappelle…» ou «J'ai déjà aussi eu un collègue qui…» L'objectif avoué n'est pas de faire état de ses prouesses ni de faire preuve d'un manque d'écoute. C'est tout simplement une réaction spontanée.

Si vous vous reconnaissez dans cette mauvaise habitude, appliquez-vous à la corriger car, très bientôt, vous aurez de la difficulté à trouver des oreilles sympathiques. À la longue, ce genre de comportement devient frustrant pour les autres.

Posez les bonnes questions

Il est maintenant évident que poser des questions demeure l'une des meilleures façons de montrer aux gens qu'on s'intéresse à eux. La création d'une connexion profonde ou superficielle dépendra non seulement du genre de questions que vous poserez mais aussi de la manière dont vous les poserez. Oserez-vous poser des questions ouvertes qui rejoignent les préoccupations, les sentiments ou les intérêts de l'autre ? Par exemple : « Quelles sont vos réticences à l'égard de cette nouvelle loi ? » ou « En quoi le fait d'être muté à une autre succursale affecte-t-il votre développement de carrière dans cette firme ? » Ou peut-être vous en tiendrez-vous à la sécurité des questions fermées et peu informatives telles que : « Êtes-vous au courant du changement de législation dans votre secteur d'activité ? » ou « À quelle succursale êtes-vous muté ? » Votre choix de questions aura assurément un impact sur une future relation.

Vous l'aurez sûrement expérimenté, les questions ouvertes fournissent aux gens plus d'espace pour partager leurs opinions et leurs visions. Elles permettent aussi de *surfer* sur les réponses des autres avec un réel intérêt. Si vous posez une question fermée et qu'on vous répond simplement « oui » ou « non », vous n'êtes pas avancé : non seulement vous n'apprenez pas grand-chose sur votre interlocuteur, mais vous devez tout de suite trouver une autre question à poser !

Menez la conversation

Avec la pratique, les réseauteurs comprennent que les réponses à leurs questions ouvertes mènent parfois sur des sentiers dont ils n'avaient pas soupçonné l'existence. C'est le secret des meilleurs intervieweurs. Remarquez comme ils n'hésitent pas à laisser de côté les questions qu'ils avaient préparées pour emprunter une avenue que vient de leur révéler l'invité. En procédant de la même façon, vous augmenterez vos chances de collecter de l'information et, par la même occasion, de créer de futures relations enrichissantes.

Ce qui importe ici n'est pas tant la forme que prendra la question que l'intention de celui qui la pose. Puisque — je le répète — on achète la personne avant son service et qu'on crée des contacts un à un en vue de bâtir et d'enrichir son réseau, maîtriser l'art de poser des questions est primordial.

5 OBJECTIFS D'UNE CONVERSATION BIEN MENÉE

1 *Faciliter l'interaction.* Questionnez pour capter et conserver l'attention de votre interlocuteur. Les questions l'incitent à s'ouvrir et à participer activement à la conversation et engendrent l'interaction.

2 *Découvrir votre interlocuteur.* Nous conduisons les mêmes voitures, nous nous habillons dans les mêmes magasins et fréquentons les mêmes restaurants. Pourtant, nos ressemblances sont au moins aussi nombreuses que nos différences. Ce sont ces dernières qu'il nous faut nous appliquer à découvrir chez nos contacts ou nos clients potentiels ou actuels. Chaque individu, chaque organisation est unique et se distingue des autres par de nombreux facteurs susceptibles d'influer sur son comportement. C'est bien connu, on aime faire affaire avec des gens qui nous ressemblent. Les **affinités** et les **valeurs** similaires favorisent les bonnes connexions entre les membres d'un réseau. Avant même de passer aux « confidences », des questions réfléchies, pertinentes et habilement posées pourraient vous faire gagner un temps précieux.

3 *Établir une relation de confiance avec votre interlocuteur.* Les gens adorent acheter, mais ils se méfient des histoires de vendeurs. Lorsqu'ils sentent que vous êtes en train de leur vendre un produit sans vous soucier de leurs besoins ou de leurs attentes, ils finissent invariablement par se méfier de tant d'insistance. Par contre, en questionnant votre interlocuteur sur ce qu'il recherche et en l'écoutant attentivement, vous le mettez progressivement en confiance. Il sent que vous désirez l'aider plutôt que faire une vente à tout prix. La façon dont les gens répondent à vos questions vous fournit une excellente indication du degré de confiance qu'ils sont prêts à vous accorder.

4 *Diriger la rencontre.* Nous l'avons mentionné précédemment, celui qui pose les questions dirige la rencontre dans la direction qu'il souhaite et, en plus, joue à l'offensive. S'il vient à perdre le contrôle, il peut le reprendre en répondant à une question par une autre question.

5 *Demeurer dans la conversation.* En posant des questions, vous demeurez à l'écoute, vous jouez un rôle actif dans la conversation et vous vous placez en mode « observation ».

Posez vos questions intelligemment

Maintenant, si les questions ont le pouvoir de mener les conversations, comment les poser **de façon intelligente** ?

6 TRUCS D'EXPERTE POUR POSER DES QUESTIONS BRILLANTES

1 *Déterminez l'objectif de vos questions.* Voulez-vous savoir si cette personne est un client potentiel ou encore une référence intéressante pour un membre de votre réseau ? Désirez-vous plutôt vous en faire un ami ? Le fait de savoir clairement ce que vous voulez orientera votre approche.

2 *Soyez clair et précis.* Vos questions sont-elles parfois compliquées ou floues, au point de confondre votre interlocuteur et de freiner ses élans ? Soyez clair. Soyez bref. En même temps, posez des questions ouvertes qui génèrent des explications ou des opinions.

3 *Écoutez attentivement les réponses.* L'écoute, je le répète, est primordiale dans la communication. Vous êtes parfois tellement concentré à préparer votre prochaine intervention que vous perdez des éléments fondamentaux de la réponse de votre interlocuteur. Demeurez dans le moment présent. Concentrez-vous sur tous les mots de sa réponse avant d'enchaîner avec une autre question.

4 *Surveillez le langage non verbal.* Encore une fois, les experts en communication affirment que le langage non verbal est plus éloquent que la parole. Observez les yeux de la personne (oubliez leur couleur cette fois-ci) et les autres signaux de son langage corporel. Les deux sont-ils congruents ? Non ? Posez d'autres questions et, sans avoir l'air de la harceler, tentez de trouver les vraies réponses.

5 *Questionnez, n'interrogez pas.* Si vous posez des questions fermées en rafale, l'autre aura l'impression de subir un interrogatoire. Ouvrez-vous un peu et passez le ballon de temps en temps.

6 Souriez et ayez du plaisir. Montrez que vous êtes content d'être en compagnie de cette personne. Sinon, saluez-la et allez vers quelqu'un d'autre.

Questionner, écouter et répondre «dans le moment», clairement et intelligemment, représentent le nerf de la conversation. Grâce à ces habiletés qui s'acquièrent et se peaufinent, vous développerez une connaissance mutuelle de vos clients, contacts et autres relations, et serez en mesure d'atteindre vos objectifs professionnels et de réseautage.

6

L'ÉTIQUETTE DU RÉSEAUTAGE

L'étiquette est souvent confondue, à tort, avec le protocole. Pour cerner simplement une chose complexe, disons que le protocole sert de moyen de communication dans les relations entre les gouvernants et les gouvernés, et qu'il assure le respect du fonctionnement des institutions gouvernementales. Adaptée à la modernité, l'étiquette réunit **les règles qui régissent la vie en société ou en affaires.**

L'arrivée massive des femmes sur le marché du travail, l'internationalisation des affaires et les percées technologiques ont exercé une grande influence sur l'évolution de l'étiquette. En situation d'affaires, la femme est maintenant présentée selon son poste, et non en premier par courtoisie. Elle invite des messieurs à dîner et règle l'addition. Elle porte elle-même sa valise et ouvre la porte si elle se présente la première du groupe. Cela dit, messieurs, sur le plan strictement social, les codes demeurent et la galanterie masculine est toujours appréciée.

Si votre savoir-faire vous permet de vous démarquer en affaires, votre savoir-vivre aura le même effet dans vos démarches de réseautage. Vous minimiserez les risques d'impairs et vous bénéficierez en prime du plaisir engendré par des relations interpersonnelles agréables. En d'autres mots, vous serez plus à l'aise en société.

La « chasse aux clients potentiels » a provoqué chez certaines personnes une détérioration déplorable de la courtoisie et des bonnes manières : interruption de la conversation, intrusion à table, distribution inopportune de cartes professionnelles, messages vocaux inaudibles, demande d'accès à son carnet d'adresses par des personnes nouvellement rencontrées, envoi massif de courriels non sollicités, appels téléphoniques pressants ou utilisation d'une référence sans permission. Ma foi, on semble oublier que le réseautage durable se bâtit sur le respect et la réciprocité !

Loin de moi l'intention de me poser en experte de l'étiquette, et je ne prétends pas que ce chapitre contient les réponses à toutes les situations. Il se veut plutôt une sensibilisation aux bonnes manières dans un contexte où l'image est un facteur important de réussite.

L'étiquette des affaires

Vous êtes talentueux, intelligent, qualifié pour le poste ou le mandat, ou encore vous êtes en développement d'affaires. Vous n'êtes pas seul dans cette situation. Le secret pour favoriser l'avancement d'une carrière, obtenir des mandats ou un emploi, c'est de connaître l'étiquette du monde des affaires, un art qu'on a malheureusement négligé de nous enseigner en classe ou au travail.

7 GRANDES LIGNES DE L'ÉTIQUETTE DES AFFAIRES

1 *Soyez aimable avec tout le monde, peu importe le statut social.* On aime mieux transiger avec quelqu'un d'aimable.

2 *Sachez vous présenter et circuler en vous intéressant aux autres.* Suivez les règles.

3 *Améliorez vos habiletés sociales de base* – dites bonjour en souriant en entrant au bureau, accueillez les gens avec gentillesse et sachez dire merci quand on vous rend service. Tenez la porte ouverte pour celui qui vous suit, sachez être l'hôte ou le parfait invité lors d'un lunch d'affaires, laissez des messages clairs et polis dans les boîtes vocales, etc. On ne gagne rien à bousculer les gens.

4 *Évitez de répandre des rumeurs ou des potins* sur les clients, les fournisseurs ou les collègues. C'est gênant d'avoir à s'excuser quand on a nui à la réputation d'autrui.

5 *Respectez les fuseaux horaires dans vos communications.* N'appelez pas un contact outre-mer en plein cœur de la nuit !

6 *Soyez sensible au fait que les règles de l'étiquette des affaires peuvent varier* d'un pays à un autre, et même à l'intérieur d'un même pays.

7 *Sachez différencier, selon les circonstances, l'étiquette sociale et celle des affaires.* Vous pourriez ainsi éviter d'offenser quelqu'un. Par exemple, si on utilise le titre Monsieur quand on s'adresse au patron au bureau, il peut être acceptable de l'appeler Gaston quand on est son opposant au tennis.

Vous n'êtes pas satisfait des résultats obtenus jusqu'ici dans votre réseautage ? Vous avez de grandes ambitions mais vous ne savez pas comment vous outiller pour progresser ? J'ai réuni pour vous, dans ce chapitre, des règles éprouvées qui faciliteront vos communications lors d'activités de réseautage. Elles vous rendront de compagnie agréable et deviendront des instruments puissants capables de vous aider à renforcer votre image personnelle tout en vous facilitant la vie.

L'étiquette et les bonnes manières témoigneront de votre degré de raffinement et de professionnalisme. Alors, on s'y applique ?

Des présentations qui respectent l'étiquette

Le réseauteur a tout intérêt à être reconnu pour son savoir-vivre. Savoir se présenter et présenter les autres est devenu une compétence essentielle ; les gens d'affaires ne peuvent s'y soustraire ou en « jouer par oreille ». Il en va du respect des personnes en cause et de la réputation de leur entreprise.

Outre les règles protocolaires qui ont cours dans les grandes cérémonies officielles ou en présence de ministres, présidents ou membres de la royauté, il existe des règles de présentation simples et faciles à mettre en pratique, dans un contexte d'affaires régulier et de plus en plus international. L'objectif premier est de permettre aux gens d'engager la conversation. C'est tout le contraire de ce que certains pensent, soit un rituel pompeux qui sert à discriminer les individus de niveaux hiérarchiques différents.

Selon l'étiquette des affaires, la personne qui présente, à titre d'hôte ou au cours d'une rencontre fortuite, s'en remet à l'**ordre hiérarchique**. Il importe donc que vous connaissiez les titres des gens et leur position dans l'organigramme. Vous avez oublié leurs noms ou vous n'êtes pas certain de leurs titres ? N'hésitez pas à les leur demander avant de commettre un impair. Dans le cas d'individus de niveaux correspondants d'une même entreprise ou d'un même groupe (tous des directeurs généraux d'hôpitaux, par exemple), l'âge devient le critère de référence.

Retenez que, contrairement aux usages en matière d'étiquette sociale, le sexe n'a pas la préséance : la femme est présentée selon son rang. Elle se lève pour serrer la main et ne tend la main la première que si c'est à elle qu'on présente quelqu'un.

LA RÈGLE LA PLUS SIMPLE DES USAGES COURANTS

Individu plus important (nommé en premier)	à qui on présente	le moins important (nommé en dernier)
Exemple :		
« Madame la Présidente,	je vous présente	M. le Superviseur »
« Monsieur le Client,	je vous présente	Mme la Présidente »

Vous aurez noté que dans ces circonstances, comme dans bien d'autres, le client est toujours roi !

Avec plus de détails selon les circonstances et le temps dont on dispose :

« Madame la Présidente, je désire vous présenter mon nouvel adjoint, Paul Dubois, qui sera responsable des systèmes d'information du bureau. Paul Dubois, notre présidente, Nicole Paquette. »

« Monsieur Claude Perron, propriétaire de CP gestion-conseil, j'ai le plaisir de vous présenter notre présidente, Mme Nicole Paquette. Madame Nicole Paquette (ou Madame la Présidente), je vous présente M. Claude Perron. »

Et si vous devez être plus bref tout en demeurant correct :
« Monsieur Perron, propriétaire de CP gestion-conseil, je vous présente notre présidente, Mme Paquette. » La seconde partie – « Madame la Présidente, je vous présente M. Perron » – est ici sous-entendue.

Si vous devez présenter plusieurs personnes ou que le temps qui vous est alloué est vraiment court, vous pouvez vous restreindre au nom seul. Sinon, mentionnez le prénom et le nom, les gens y sont très sensibles. Il est même acceptable de n'utiliser que les titres. « Madame la Présidente, je vous présente le nouveau responsable des systèmes d'information du bureau. »

On présente :

- Un subordonné à un supérieur : « Monsieur Cadre Supérieur, je vous présente Mme Commis. »

- Un collègue de son entreprise à un employé d'une autre entreprise : « Monsieur Employé Externe, je vous présente M. Collègue. »

- Un contact personnel à une relation d'affaires : « Madame Relation d'Affaires, je vous présente M. Contact Personnel. »

- Un nouveau venu à un groupe : « Monsieur Nouveau Venu, je vous présente... » et vous laissez chacun se nommer à tour de rôle.

- Un individu local à un visiteur : « Madame Visiteuse, je vous présente Mme Locale. »

Les réseauteurs accomplis vont même plus loin quand le temps le leur permet :

- Ils accompagnent le nom et le titre de chacune des personnes d'un bref énoncé sur leurs intérêts ou leur type de travail.

■ Encore mieux, ils mentionnent un élément que les personnes ont en commun. Cette attention montre aux gens qu'ils les connaissent bien et qu'ils peuvent se faire confiance. Cela constitue également une amorce de conversation.

Si votre hôte n'est pas disponible pour vous présenter, n'hésitez pas à vous présenter vous-même, sans plus de cérémonie. Après tout, les rencontres de réseautage sont faites pour ça !

Rayez de votre vocabulaire ces formules fautives, malheureusement trop souvent utilisées : « Marcel, *rencontre* Untel » ou « Laissez-moi vous *introduire* Untel », des calques de l'anglais qui dénotent un manque total de raffinement en français. Dites plutôt : « Marcel, je te *présente* Untel » ou « Laissez-moi vous *présenter* Untel ».

La poignée de main et la bise

Les présentations s'accompagnent généralement d'une poignée de main, et les personnes se regardent dans les yeux. C'est la personne jugée la plus importante qui doit prendre l'initiative de tendre la main. De grâce, ne soyez pas trop modeste !

Que vous soyez chez des clients, des fournisseurs ou des partenaires à l'étranger, ou que vous les rencontriez à votre bureau national, vous devez être sensible aux particularités culturelles ou religieuses de ces personnes. Par exemple, les hommes arabes, indiens et juifs hassidiques ne serrent pas la main des femmes.

Dans plusieurs pays comme le Brésil et la France, la bise, l'accolade et l'étreinte font partie d'un accueil poli bien qu'un peu plus intime. Ils sont, pour eux, aussi convenables qu'une poignée de main à l'américaine. Alors, on relaxe et on se laisse accueillir.

L'internationalisation des affaires, la présence des femmes à tous les échelons hiérarchiques et la volonté de rendre les relations entre les gens plus simples poussent les individus de plusieurs pays à adopter, dans l'exercice des activités d'affaires, un comportement plus uniforme et plus occidental. Néanmoins, il vaut mieux observer et apprendre à connaître les usages en vigueur dans les cultures auxquelles vous êtes nouvellement exposé. Vous n'en serez que plus à l'aise, et votre image en sera rehaussée d'autant.

Brassez des affaires à table dans les formes

Les repas d'affaires existent pour établir ou entretenir des relations d'affaires ou carrément brasser des affaires entre collègues, clients, partenaires ou fournisseurs. On y investit du temps, des énergies et des sommes considérables et, pourtant, peu de gens savent comment recevoir correctement et avec aisance ou se comporter en invité agréable au restaurant ou à l'hôtel.

Il est primordial que les convives soient détendus et efficaces à table, qu'ils y soient à titre d'hôte ou d'invité. Bien que l'environnement complet d'un repas importe beaucoup, je n'entends pas couvrir ici l'utilisation des ustensiles, de vous dire quoi faire de votre serviette de table ou comment choisir les mets qui risquent le moins de se retrouver sur votre cravate ou sur le chemisier de votre voisine. J'entends plutôt traiter des comportements et des notions qui favorisent le réseautage et vous assureront de ne pas entacher par mégarde votre image ou celle de votre entreprise.

Faites montre de vos bonnes manières

Rappelez-vous que les gens préfèrent faire des affaires avec des personnes qu'ils connaissent et en qui ils ont confiance. Devant des inconnus, on est moins disposé à faire des compromis. Évitez donc tout ce qui pourrait irriter les autres : fumer à table dans une aire non-fumeurs, mâcher bruyamment de la gomme, tenir des propos sexistes ou simplement offensants, bousculer le personnel de service, etc.

Le vin à table favorise la détente mais peut également balayer certaines inhibitions. Rire bruyamment à propos de tout et de rien, flirter avec la serveuse ou les voisins de table, mentionner le nom de personnes ou de compagnies, se plaindre de ses supérieurs ou critiquer les politiques de l'entreprise, interrompre continuellement ses interlocuteurs ou encore tenir une conversation avec un voisin alors qu'un conférencier a pris la parole sont autant de comportements qui peuvent être perçus comme un manque de savoir-vivre et mettre votre hôte ou les autres convives dans l'embarras.

Vous pourriez bien regretter vos écarts de conduite si vous étiez en présence d'un client potentiel ou d'un futur employeur que vous souhaitiez impressionner. On pourrait souhaiter ne jamais avoir eu à partager votre table...

Ne confondez pas lunch d'affaires, repas d'affaires et lunch de travail

Le « lunch d'affaires » se tient généralement le midi et le « repas d'affaires » est réservé au soir. Ils sont souvent prétextes à l'établissement d'une « camaraderie » plutôt qu'à la création d'une relation personnelle ou même sociale, ce qui devrait éventuellement créer un climat de confiance, le fondement même du réseautage. Le repas lui-même doit être considéré comme un « prélude » aux affaires dont on discutera plus tard.

Dans un « lunch de travail », les invités sont prévenus que le travail est au menu et qu'on risque même d'y parler la bouche pleine. On y est souvent convié pour évaluer un candidat à l'embauche, pour célébrer une nomination ou une promotion, ou encore pour discuter d'un changement de fonction.

La planification du lunch d'affaires

L'invitation se fait par téléphone. Faites en sorte qu'on comprenne sans équivoque que vous serez l'hôte. Suggérez des choix de dates afin de permettre à l'invité de vérifier son calendrier et prévoyez une solution de rechange s'il propose une date à laquelle vous n'êtes pas libre.

À titre d'hôte, vérifiez les préférences alimentaires de votre invité et donnez-lui le nom et les coordonnées du restaurant où vous l'attendrez. « Que diriez-vous de me rencontrer à la salle à manger du Club Saint-James, à 12 h 15 ? La nourriture y est excellente. » À la fin de l'appel, répétez les détails de l'invitation : jour, date, endroit, heure et, si requis, suggérez un endroit propice où stationner la voiture et donnez la direction à suivre si votre localité ne lui est pas familière.

En passant, s'il s'agit d'une première rencontre, c'est l'hôte qui doit faire personnellement l'invitation (en personne ou par téléphone). Il en va de même s'il doit reporter ou annuler le rendez-vous. La secrétaire pourrait toutefois se charger de ces missions, au nom de son patron, avec des invités qu'il connaît mieux.

Le choix du restaurant est important. Dans les grandes villes, certains endroits sont considérés plus *in* que d'autres par les gens de certaines professions. On aime y être vu. Si possible, choisissez un restaurant que vous fréquentez assidûment et où vous appréciez le service.

Il serait préférable que votre rencontre ne s'ébruite pas trop ? Le restaurateur saura quelle table vous assigner. Bien sûr, vous aurez fait une réservation au préalable et fait part de vos besoins. Dans le cas où vous avez un budget à respecter, vous aurez précisé dans quelle gamme de prix le choix des plats doit être présenté et la quantité de vin qu'on souhaite offrir. Il ne vous restera plus qu'à régler l'addition à la sortie.

L'arrivée au restaurant ou à l'hôtel

L'hôte arrive toujours avant son invité. En cas de retard, communiquez avec le restaurant afin qu'on installe votre invité à la table réservée et excusez-vous brièvement en le rejoignant. La personne qui invite défraie le coût du vestiaire et précède son invité au moment de s'adresser au maître d'hôtel ou au placier.

Pour éviter le moment toujours embarrassant de la réception de l'addition, l'hôte aura fourni à son arrivée l'empreinte de sa carte de crédit ou avisé le maître d'hôtel ou le serveur que l'addition doit lui être remise.

Les apéros, alcoolisés ou pas

Il est d'usage pour le serveur d'offrir un apéro. Que vous ayez soif ou non, l'apéro est souvent un prétexte à allonger le repas. Il n'est pas nécessaire qu'il soit alcoolisé. Les eaux minérales citronnées, les sodas au gingembre, les *virgin caesar* sont bien acceptés. D'ailleurs, si vous désirez demeurer en contrôle, il vaut mieux limiter votre consommation d'alcool, surtout si vous avez l'intention de prendre du vin au cours du repas. Si votre invité y va pour un double martini, selon l'effet produit sur son comportement, vous pourriez remettre en question la proposition d'affaires que vous vous apprêtiez à lui faire.

Manger pour réseauter

Vous êtes venu pour **discuter**. Ce n'est pas le temps de commander le « repas du condamné à mort » ou encore les mets les plus chers parce que c'est l'entreprise qui paie. Ce n'est pas plus indiqué de faire état de vos contraintes de diète ou de remettre en question le choix de plats des autres convives. Optez pour des choses simples à manger : volaille, filets de poisson ou légumes, etc. Tentez de limiter les dégâts en vous abstenant des plats en sauce, des pâtes tomatées, des moules, du homard et des côtes levées.

Jouez avec brio votre rôle d'hôte

Vous êtes responsable de la qualité du service offert. Si votre invité ne semble pas apprécier le repas commandé – trop froid, trop chaud ou trop cuit –, il vous revient de le faire retourner à la cuisine, à moins que votre invité ne s'y oppose vivement.

À titre d'hôte, vous faites le choix du vin et de la quantité à servir. Si votre invité est un connaisseur et que vous ne craignez pas pour votre budget, vous pouvez l'inviter à vous faire des suggestions.

À moins d'avoir réservé un salon privé, en vue de discuter d'affaires en toute discrétion, il n'est pas de mise d'apporter votre mallette ou votre ordinateur portable à table. Laissez-les au vestiaire ou dans la voiture.

Dans la salle à manger de clubs privés, il est même défendu d'avoir des papiers sur la table. Il pourrait être utile de le mentionner discrètement à votre invité pour lui éviter une réprimande du serveur. (Ça m'est arrivé !)

Afin de maximiser le temps passé ensemble, l'hôte peut conseiller la fermeture temporaire des cellulaires. « Et si on fermait nos cellulaires jusqu'au café ? » pourrait vous éviter bien des désagréments. (Le sujet des cellulaires est traité plus en profondeur un peu plus loin dans ce chapitre.) C'est à l'hôte de signaler la fin du repas. L'étiquette veut qu'à partir du moment où l'hôte dépose sa serviette sur la table, c'est le signal que le repas est terminé. C'est aussi le temps de demander l'addition. Si vous êtes un habitué de la place, on vous l'aura déjà apportée, car on remet l'addition à celui ou à celle qui l'aura réclamée.

Le repas terminé, quittez le restaurant avec vos invités. Remerciez-les d'avoir accepté votre invitation, serrez-leur la main et faites un rapide rappel d'un éventuel suivi : « Alors, je vous envoie la revue par courrier » ou « J'attends votre confirmation pour le colloque. »

Brillez comme invité

En tant qu'invité, vous n'avez pas à vous préoccuper de l'addition, mais vous avez tout intérêt à ne pas vous conduire comme si n'aviez pas mangé depuis trois jours ni à commander les mets les plus chers au menu. Remerciez chaleureusement votre hôte au moment de quitter le restaurant.

Si vous êtes invité dans un endroit qui ne vous est pas familier (club privé, salle à manger de club de golf ou d'une grande institution bancaire, etc.), pas de panique! Ne vous laissez pas impressionner par le grand service. Si vous l'êtes, ne le laissez pas voir. Assurez-vous toutefois de ne pas détonner et offenser votre hôte par votre tenue vestimentaire et votre comportement inopportun. Au besoin, au moment d'accepter l'invitation, renseignez-vous sur la tenue appropriée. Ajustez votre comportement sur celui des autres convives (le volume de votre voix et de votre rire en particulier).

Vos affaires sont susceptibles de vous amener ce type d'invitations? Il existe des cours portant sur l'étiquette des affaires qui pourraient vous rendre l'expérience plus agréable. Des experts offrent même du coaching personnalisé en la matière.

Il est temps de parler affaires

Ne vous méprenez pas sur l'atmosphère festive qui peut entourer un lunch ou un repas d'affaires. Peu importe la convivialité qui s'y installe, le fait demeure que ce lunch a un ordre du jour. Généralement, l'hôte initie la discussion avant qu'un invité impatient ne s'en charge. Si le sujet du jour n'est pas crucial, on discute d'affaires vers la fin du repas, plus précisément lorsqu'on sert le café et que les gens qui assurent le service se font moins présents. «Et maintenant, si on parlait de ce fameux contrat?» serait une bonne entrée en matière.

Si l'ordre du jour est plus subtil, on pourrait y aller avec : « Je suis désireux de connaître votre opinion sur la possibilité de cette acquisition. » Il va sans dire que l'écoute de la réponse devient très importante. Si, effectivement, la confiance a eu le temps de s'installer entre les interlocuteurs au cours de ce repas, les renseignements recueillis pourraient valoir leur pesant d'or. Si on n'écoute pas attentivement les propos de l'invité, celui-ci pourrait en déduire qu'on lui a fait perdre son temps.

En Europe et en Asie, tout particulièrement, il n'est pas indiqué de parler affaires à table. On se contente de se faire connaître et apprécier comme individu. On a tout intérêt à avoir préparé différents sujets de conversation ! Il n'est pas exclu, toutefois, en prenant le porto ou en fumant le cigare, d'en venir tranquillement aux choses sérieuses.

Si, à cette occasion, des personnes qui ne sont pas du milieu se joignent au groupe (les conjoints des participants, par exemple), il va de soi qu'il faut les inclure dans la conversation et modifier par le fait même les sujets, à moins qu'ils soient partenaires dans l'entreprise.

L'étiquette au téléphone

Peu importe que vous utilisiez un téléphone avec ou sans fil, les bonnes manières sont toujours de mise puisqu'elles visent à ce que l'entretien soit informatif, clair, audible et agréable pour les deux parties.

En dépit de la popularité de la messagerie électronique – courriel, SMS (*Short Messaging Service*), téléavertisseur –, on dit que 75 % des affaires qu'on brasse débutent par un entretien téléphonique. Que ce soit pour vous présenter, échanger de l'information ou fixer un rendez-vous, seuls votre voix, les mots que vous utilisez et les bruits environnants servent de référence à l'image que l'appelé se fait de vous. Vous vous devez de gérer cette impression, car elle influencera la décision du client potentiel, du collègue ou du directeur des ressources humaines de vous rencontrer rapidement, d'effectuer un suivi ou... de vous mettre aux oubliettes.

10 COMPORTEMENTS GAGNANTS POUR FAIRE BONNE IMPRESSION AU TÉLÉPHONE

1 *Souriez et saluez.* En décrochant le téléphone, arborez un sourire; celui-ci réchauffera votre salutation. Avant même de vous nommer, dites « Bonjour (ou bonsoir) » : non seulement c'est plus poli, mais ça permet à l'appelé de commencer à se concentrer sur vous.

2 *Nommez-vous.* Dites, lentement et assez fort pour être entendu, votre nom, votre titre et le nom de votre entreprise, que ce soit lors d'un appel initial ou d'appels espacés. Même si vos appels sont relativement fréquents, donnez vos prénom et nom : vous éviterez ainsi d'être pris pour quelqu'un d'autre et de mettre votre interlocuteur dans l'embarras. Faites une pause et permettez à l'autre de vous saluer.

3 *Ne dérangez pas.* Informez-vous si le moment est propice ou s'il vaut mieux que vous rappeliez, et à quel moment. Gardez le contrôle en rappelant vous-même.

4 *Ne faites qu'une chose à la fois.* Évitez de manger, de pianoter sur votre clavier, de ranger des documents ou de mâcher de la gomme... Votre interlocuteur se rendra compte que vous ne lui accordez pas toute votre attention.

5 *Soignez votre langage.* Les mots et le ton « parlent fort », car ils ne sont pas soutenus par votre langage corporel. Utilisez un langage simple, précis, respectueux... et l'humour avec parcimonie, à moins d'être en territoire connu.

6 *Soyez bref.* Il n'est pas question ici de sacrifier la courtoisie et la clarté, mais de respecter le temps de votre interlocuteur tout comme le vôtre. Si vous avez mutuellement envie de jaser, fixez un rendez-vous.

7 *Préparez-vous.* Selon l'importance de l'appel, ayez en tête la raison de cet appel et, par écrit, l'information et les questions susceptibles d'être utiles. Vous vous assurez ainsi de couvrir tous les points qui vous intéressent avant de raccrocher, et cela vous évite de devoir rappeler en soirée : « Oups ! j'ai oublié de préciser les termes de l'appel d'offres. » Trop tard, la remise est demain matin. Ce n'est pas très efficace que de devoir rappeler pour obtenir de l'information de base.

8 *Ayez tout sous la main.* Évitez de griffonner une adresse sur une serviette de table ou de fixer un rendez-vous que vous devrez annuler parce que vous avez déjà au même moment une réunion avec votre patron. Ayez sous la main papier, crayon et agenda. Vous faites un suivi ? Munissez-vous de l'information précédente ou du dossier et vous aurez l'air à votre affaire.

9 *Prenez des notes.* Au fil de l'entretien, écrivez les réponses à vos questions, les points importants discutés ou les éléments de suivi à faire. Vous aurez encore plus l'air à votre affaire.

10 *Saluez et remerciez la personne.* Utilisez la formule de salutation appropriée à la personne et au but de l'appel – Bonjour, Au revoir, Ciao ou Salut –, remerciez, si vous avez obtenu quelque chose ou simplement accaparé le temps de la personne, et redites son nom – « Bonsoir, Paul » ou « Monsieur Dugas, merci d'avoir pris le temps de me rappeler ».

L'emploi respectueux du téléphone cellulaire

Pratique et efficient, le cellulaire ou le portable ? Indéniablement ! Les équipementiers et les opérateurs rivalisent d'ingéniosité et d'audace pour augmenter le nombre d'utilisateurs et accroître l'usage de leurs appareils. Plusieurs abonnés de la téléphonie filaire migrent vers l'utilisation du téléphone cellulaire pour l'ensemble de leurs besoins de communication téléphonique et d'accès virtuel à distance.

La fascination de la nouveauté étant atténuée et l'usage en constante augmentation, l'envahissement des lieux publics, les fautes de courtoisie, l'empiètement sur la vie privée et les manquements à la sécurité routière sont devenus monnaie courante. L'exagération n'a pas manqué de provoquer la venue de réglementations gouvernementales et privées.

Après la rage au volant – qui a fait l'objet d'un film –, est-ce qu'on assistera à la rage du cellulaire ? Il y a quelques années, à Hambourg, un homme d'affaires allemand qui avait refusé de fermer son cellulaire a été matraqué à mort avec une bouteille de bière par un client de la taverne où ils se trouvaient.

6 PRINCIPES ÉLÉMENTAIRES DE L'UTILISATEUR RESPECTUEUX

1 *Ajustez le ton de votre voix.* Parlez comme si vous conversiez naturellement. Il est inutile de crier dans votre appareil (et dans les oreilles de celui qui est à l'autre bout de la ligne), même quand vous êtes seul dans une pièce ou dans votre voiture.

2 *Respectez votre interlocuteur.* Le temps de chacun est précieux et mérite d'être respecté. Vous avez un rendez-vous de durée fixe avec un contact, un client, un fournisseur ou un collègue ? Fermez votre appareil. Soyez courtois et efficace en lui consacrant toute votre attention et votre temps. Vous êtes joint au volant de votre voiture ? Garez-vous et concentrez-vous sur la conversation. Le type d'appel ne vaut pas cette perte de temps ? Vous le rappellerez rendu à destination. Vous avez des chances de vivre plus vieux.

3 *Choisissez vos zones.* Vous entendez mal votre interlocuteur ou votre conversation est coupée ? À moins qu'il ne s'agisse d'un appel d'urgence, avisez l'appelé et essayez plus tard dans un endroit plus sûr.

4 *Respectez les autres.*

- Évitez de tenir une conférence téléphonique impromptue. Les gens qui circulent à proximité n'ont pas à y participer malgré eux.

- Vous devez faire un appel ? Choisissez un endroit discret et peu bruyant. Avisez l'appelé et parlez clairement mais à voix basse.

- Vous devez répondre ? Excusez-vous auprès de ceux qui vous accompagnent, éloignez-vous si c'est possible, parlez à voix basse et soyez bref.

- Vous êtes de garde et risquez d'être appelé à tout moment ? Avertissez-en ceux qui vous accompagnent et suivez les règles.

- Vous n'êtes pas en service commandé et votre appareil sonne ou vibre alors que vous êtes au restaurant, à une activité de réseautage, culturelle ou sportive ? Sachez où est le bouton d'arrêt de votre appareil et pressez-le. Laissez travailler votre boîte vocale.

- Utilisez le mode « vibration » de votre appareil aussi souvent que possible. Vous serez le seul à savoir qu'on vous appelle.

5 *Soyez soucieux de la sécurité de l'information échangée.* Usez de discernement quant au type d'information que vous échangez et de l'endroit où vous le faites, tant pour vous et votre entreprise que pour l'appelé. Évitez de nommer les personnes et les entreprises. Il est arrivé à Roxane, installée dans l'aire d'attente d'une aérogare, d'entendre un directeur marketing assis à quelques sièges d'elle discuter de la nouvelle stratégie « établie » pour l'exposition où il se rendait. Elle travaillait à l'époque pour un concurrent, s'envolait vers la même destination et participait au même événement...

6 *Observez les restrictions.* L'usage de cellulaires est interdit dans de plus en plus d'endroits publics (bureaux, hôpitaux, théâtres, etc.) et privés (véhicules automobiles), et restreint dans d'autres. Vous ne gagnez rien à être perçu comme quelqu'un qui se fiche des consignes. Un bon contact se garde informé, sait respecter les gens et les règlements.

L'art de laisser un message

La boîte vocale prend la relève de la personne à qui vous téléphonez lorsqu'elle n'est pas en mesure de vous répondre : agissez comme si vous parliez à cette personne. Si vous laissez un message clair, complet, audible et chaleureux, votre destinataire aura certainement une meilleure impression de vous.

Si le but de votre appel était de l'informer des amendements à un contrat ou de lui donner les coordonnées d'un fournisseur, aussi bien qu'il puisse les saisir clairement et correctement et, ainsi, apprécier votre professionnalisme. Dans le cas d'une requête de votre part, donnez-lui l'occasion d'y répondre convenablement et rapidement en lui fournissant le contexte et les données requises sans être enterré par les bruits de fond.

6 TRUCS POUR LAISSER DES MESSAGES VOCAUX À VOTRE IMAGE

1 *Souriez.* Soyez assuré que le destinataire le sentira. Il écoutera votre message avec plaisir et sera mieux disposé à en faire le suivi.

2 *Saluez avec courtoisie.* Même si le message se veut bref, prenez le temps de saluer selon le moment de la journée et déclinez votre nom, votre titre et la raison sociale de votre entreprise. Si vous prévoyez que votre message sera long ou très détaillé, dites-le d'entrée de jeu et l'appelé agira en conséquence.

3 *Formulez un message bref et précis.* Soyez direct, concis, et assurez-vous de fournir l'information utile au destinataire. Non seulement aura-t-il sa réponse, mais il sera en mesure de réagir rapidement dans ce dossier.

4 *Surveillez votre ton, votre diction et votre débit.* Parlez pour qu'on vous entende et qu'on vous comprenne. L'interlocuteur n'est pas là pour vous dire de hausser le ton ou de mieux articuler. Vous avez le débit d'une mitrailleuse ? Allez-y mollo !

5 *Répétez.* Parlez lentement quand vous donnez votre nom et le numéro ou l'adresse auxquels vous voulez être joint. Répétez-les avant de terminer l'appel. N'omettez surtout pas l'indicatif régional.

6 *Personnalisez la finale.* Quoi de plus chaleureux que d'entendre son nom à la fin d'un message qui nous est adressé ? « J'attends votre appel, Lise. »

De bonnes habitudes de prise de messages

Ce n'est pas tout de laisser des messages impeccables, traiter efficacement ceux qu'on vous laisse fait aussi la différence. Voici quatre bonnes habitudes à prendre.

1. Vérifiez fréquemment l'arrivée des messages téléphoniques durant la journée. Si vous vous absentez pendant une longue période, assurez-vous que quelqu'un le fera pour vous.

2. Répondez à vos messages dans les 4 à 24 heures qui suivent. Si vous n'avez pas l'information souhaitée, avisez que vous allez la chercher.

3. Notez soigneusement les messages et lisiblement les coordonnées, car la mémoire n'est pas toujours fiable. Il est utile de les conserver si un suivi est nécessaire.

4. Utilisez les coordonnées des appelants pour actualiser votre carnet d'adresses.

Vous avez probablement réalisé que ces quelques règles d'étiquette d'affaires s'appliquent aussi à vos messages personnels. Lorsque vous envoyez des messages électroniques ou déposez des messages vocaux, gardez toujours à l'esprit que c'est avec un humain que vous communiquez!

L'étiquette du courriel (courrier électronique)

Souvenez-vous que l'image est l'impression que les gens se font de vous à partir de votre apparence physique, de la qualité de votre travail et de vos outils de communication.

L'étiquette du courriel, mieux connue sous le vocable «nétiquette», est née d'un besoin impérieux d'établir un ensemble de règles de comportements dans le monde du cyberespace comme il en existe dans la vie sociale et officielle. Elle n'entend pas nuire aux avantages indéniables et à l'efficacité de la messagerie électronique, mais d'en profiter dans le respect de la clarté du message et des gens: rapidité, faible coût, diffusion massive instantanée, accessibilité en tout temps et de presque partout dans le monde, et annulation des fuseaux horaires et des frontières nationales.

Les relations en ligne sont relativement récentes, mais puisqu'il s'échange déjà quotidiennement plusieurs milliards de messages, il est crucial d'y voir immédiatement et d'éduquer les internautes rapidement.

Il est possible d'offenser involontairement des clients ou des contacts en vous adressant à eux de façon désinvolte – en appelant par son prénom un client potentiel ou en tutoyant un nouveau contact étranger –, ou en diffusant vos messages sans discernement à de nombreuses personnes du bureau et de l'extérieur et, du même coup, en propageant leurs adresses électroniques. Sans compter que vous pouvez créer des malentendus par des messages tellement brefs qu'ils en ont perdu leur sens, par l'emploi des mots incorrects qui impressionneraient même les extraterrestres, ou encore par une mauvaise ponctuation ou pas de ponctuation du tout.

Personnellement, j'ai horreur de recevoir dans la plage «sujet» la réponse à une question posée antérieurement, sans autre forme de communication qu'une signature. À ce compte-là, les anciens télégrammes étaient plus chaleureux.

Le courriel et Internet sont des outils de communication et de marketing personnel précieux et fascinants mis au service des gens et des réseauteurs. **Ce n'est toutefois pas du réseautage relationnel.** Avant d'écrire le nom du destinataire, demandez-vous si c'est la meilleure façon de transmettre votre message, entre autres pour les sujets délicats ou confidentiels : un appel téléphonique ou une lettre «confidentielle» restreignent les possibilités que les conditions «très» spéciales que vous confirmez ou les coordonnées personnelles de vos contacts ne tombent sous d'autres yeux. Établir des contacts et dynamiser des relations humaines, ça se fait entre des personnes et entre quat'z'yeux : entrecouper les chaînes de courriels par des lunchs, des petits cafés ou des rencontres à une activité de réseautage est non seulement utile mais aussi très plaisant.

Je vous propose quelques règles reconnues qui vous aideront à être compris correctement, à établir des connexions d'affaires harmonieuses et durables. Vous êtes jugé par vos courriels ; ne les laissez pas ternir votre image.

■ *Inscrivez toujours un sujet court* (s'il est trop long, le système va l'amputer) et qui a trait au contenu du message. Souvenez-vous que plusieurs personnes trient leurs messages à partir des sujets.

■ *Prenez la peine de saluer le destinataire*, en respectant les échelons hiérarchiques. Tous les présidents de compagnie et les clients potentiels n'apprécient pas qu'on s'adresse à eux par leur prénom dans un premier temps. S'ils vous répondent par votre prénom et signent du leur, vous avez maintenant leur permission.

■ *Soyez bref et allez droit au but.* Votre message devrait tenir sur une page-écran.

■ *Respectez l'enchaînement logique des faits que vous relatez* dans le texte. Ne sautez pas du coq à l'âne.

■ *Utilisez un style plus près de la conversation orale que d'un texte de lettre.* Faites des phrases courtes et précises. Éliminez les fioritures et les détails inutiles. Autant que possible, faites des phrases complètes !

■ *Demeurez courtois et poli.* Discret aussi… car les courriels restent et peuvent être lus par d'autres yeux que ceux de vos destinataires. Évitez les mots ou les phrases complètes en majuscules : votre lecteur aurait l'impression que vous lui criez par la tête.

■ *Relisez votre texte avant de l'envoyer* et passez-le au correcteur orthographique. Les fautes d'orthographe ternissent votre image.

■ *Acheminez les documents lourds ou de plusieurs pages en fichier joint.* Attention à la taille de vos fichiers, car vos destinataires peuvent disposer de technologies différentes et de contraintes à la réception.

■ *Restreignez-vous au nombre minimum utile de destinataires concernés.* Si vous recevez une convocation à une réunion de votre association, ne répondez qu'à l'expéditeur, pas aux 56 membres. Si un client vous signale qu'il est très heureux du rapport d'étape que vous lui avez fourni, n'ajoutez pas, pour vous péter les bretelles, en copie de votre remerciement, vos subordonnés, vos pairs, votre patron, le patron de votre patron, etc.

■ *Doublez d'un appel téléphonique tout message urgent* ou demandant une réponse immédiate. Vous saurez rapidement si le destinataire est en mesure de récupérer ses courriels et pourrez laisser un message à la réception ou au secrétariat.

■ *Respectez l'intimité des destinataires et employez judicieusement la fonction « copie cachée ».* Est-ce que tous vos correspondants sont intéressés à ce que leur adresse circule ?

■ *Concevez une signature « informative ».* Accompagnez-la de votre nom, du nom de votre entreprise, des numéros de téléphone et de télécopieur, ainsi que de votre adresse Internet. Vous évitez ainsi à votre destinataire d'avoir à consulter son carnet d'adresses et vous lui permettez de garder vos coordonnées à jour.

■ *Utilisez avec discernement l'envoi « haute importance »...* sinon, on ignorera vos réelles urgences. À trop crier au loup, on finit par être ignoré.

■ *Soyez très prudent dans vos courriels d'affaires avec la diffusion de blagues et de chaînes de lettres.* Dans le doute, abstenez-vous. Ne vous en faites pas si vous rompez la chaîne ; je le fais régulièrement et je suis toujours vivante, pas plus riche, certes, mais je semble avoir conservé mes amis.

■ *Réservez les :-) ou :-((émoticônes, binettes ou smileys) pour vos courriels personnels :* vos mots doivent être suffisamment explicites et clairs.

■ *Ne contaminez personne !* Si, par malheur, vous avez été victime d'un virus et avez involontairement infecté ou embêté des contacts, clients ou autres personnes, assurez-vous que la situation est rétablie avant d'envoyer un seul autre message.

Vous communiquez à l'international ? Indiquez, en terminant votre message, la date et l'heure locale, le nom du pays d'envoi, l'indicatif d'appel international et l'indicatif régional suivi du numéro de téléphone. Soyez conscient des différences de fuseaux horaires et de culture. Votre réponse pourrait se faire attendre.

Voici cinq pratiques correctes et efficaces en la matière.

1. Vérifiez fréquemment l'arrivée de courriels durant la journée.

2. Répondez à vos messages dans les 4 à 24 heures qui suivent. Si vous n'avez pas de réponse à fournir immédiatement, avisez l'expéditeur que vous allez à la recherche de l'information. Vous êtes absent du bureau ou en déplacement à l'étranger ? Il y a toujours moyen de prendre ses messages dans les cafés Internet, les centres d'affaires des hôtels ou chez des clients branchés.

3. Triez vos messages. Effacez les pourriels, les chaînes de lettres et autres sollicitations. Rangez les messages d'affaires, de réseautage et personnels par ordre d'importance.

4. Conservez le sujet d'origine intact quand vous répondez à un message, même après plusieurs allers-retours.

5. Même si cela pouvait vous faire gagner du temps, n'utilisez pas la fonction « répondre » pour envoyer un message qui n'est pas relié au sujet déjà inscrit. Le destinataire pourrait être induit en erreur.

Rappelez-vous que vous communiquez avec des humains, pas avec un écran. Je ne vous conseillerai tout de même pas de sourire en touchant le clavier. Vous connaissez la personne ? Imaginez-la à l'occasion.

L'étiquette du réseautage au golf

De nombreux gens d'affaires et réseauteurs voient dans le golf une occasion de réseautage significative et révélatrice, car ce sport favorise la communication et permet de passer plusieurs heures à étudier la véritable personnalité des partenaires. L'inverse est aussi vrai. Le vert semble un endroit idéal pour développer de nouveaux contacts, créer des liens d'affaires, apprendre à mieux connaître ses clients ou fournisseurs, discuter ou conclure des ententes ou des partenariats.

Plusieurs entreprises et recruteurs l'incluent maintenant dans les activités de recrutement des candidats les plus sérieux. Ils sont d'avis qu'en quatre à six heures, ou même plus lors d'un tournoi, il leur sera possible de détecter le degré de leadership d'une personne, sa capacité à maîtriser ses émotions, à faire face aux difficultés, à prendre de bonnes décisions, ou encore à mesurer son esprit d'équipe. Bref, la façon dont un joueur se conduit sur un parcours de golf reflète sa façon de se conduire en affaires.

Certaines universités américaines offrent maintenant des cours de « golf d'affaires ». Le professeur en administration Dan C. Weilbaker, de l'Université de l'Illinois du Nord, propose à ses étudiants la **Règle des six, six, six** :

- Profitez des six premiers trous pour mieux connaître vos partenaires.

- Profitez des six trous suivants pour découvrir le rôle qu'ils jouent dans leur entreprise, les défis auxquels ils font face, leurs responsabilités et ce qu'ils désirent accomplir.

- Profitez des six derniers trous pour parler de vous – ce que vous faites et la valeur de ce que vous pouvez leur apporter, à eux et à leur entreprise.

Et enfin, au « 19e trou », que ce soit au pavillon (*clubhouse*) ou au restaurant, évaluez les occasions d'affaires potentielles en dégustant un bon repas... modérément arrosé.

Les experts en étiquette du réseautage au golf seraient généralement d'accord avec la règle « concentrée » du professeur Weilbaker. En suivant les quatre règles détaillées dans le tableau suivant, combinées aux règles d'étiquette au golf, bien sûr, vous saurez certainement rencontrer vos objectifs de réseautage et contribuer à ce que tous les joueurs de votre quatuor s'amusent en toute quiétude.

4 RÈGLES D'ÉTIQUETTE POUR LES GOLFEURS RÉSEAUTEURS

1 *Préparez vos objectifs de réseautage* pour la partie ou la journée. Optimisez le temps passé sur le parcours à bâtir des relations : les experts conseillent d'apprendre à vous connaître mutuellement avant d'orienter la discussion sur les affaires. Apportez vos cartes professionnelles lors de tournois, d'invitations ou autres rencontres. On ne sait jamais avec qui on est jumelé.

2 *Gardez votre sang-froid,* peu importe où aboutit votre balle ou la férocité des moustiques : un bâton lancé dans l'étang ou une tirade de jurons mettent les partenaires mal à l'aise. Si vous avez tendance à perdre le contrôle de vos émotions, évitez le golf d'affaires, sinon votre réputation en pâtira.

3 *Jouez de la visibilité.* Offrez vos services lors d'un tournoi ou, si votre budget vous le permet, commanditez une activité ou donnez un prix.

4 *Choisissez stratégiquement vos partenaires.* Pour une partie avec un nouveau client ou un client potentiel, vous pourriez inviter un membre de la direction ou un collègue avec lequel il transigera régulièrement dans le quotidien, un client ou fournisseur fidèle qui sera en mesure de témoigner de la qualité et de la fiabilité de vos services. Vous pourrez toujours jouer avec vos amis ou vos voisins une autre fois.

Du côté de l'hôte

Vous avez lancé l'invitation ? Certaines responsabilités vous incombent.

Avant la journée et la partie

■ Fournissez le maximum d'information à votre invité : endroit, coordonnées et trajet (la plupart des clubs de golf ont un site Internet), heure de départ, nom des autres membres du quatuor, la pause du lunch après le 9ᵉ trou ou le repas au « 19ᵉ trou ».

■ Attendez-vous à payer tous les frais pour votre invité : partie, voiturette, rafraîchissements, repas, etc. Ayez quelques « bonnes » balles en surplus.

Pendant la partie

■ Veillez à ce que vos invités passent un moment agréable en étant à leur service : dirigez-les, conduisez la voiturette, etc. Si votre client ou votre opposant désire marcher, marchez vous aussi ; c'est excellent pour la santé !

■ Assurez-vous que vos invités connaissent et suivent les règlements du parcours.

Après la partie

■ Rencontrez-vous au « 19ᵉ trou » pour un verre, un lunch ou un repas. Faites le sommaire de la partie, terminez la discussion d'affaires ou concluez l'entente – vous serez moins distrait que sur le vert –, en tête-à-tête s'il le faut.

■ Raccompagnez votre invité à sa voiture, remerciez-le d'avoir accepté votre invitation, donnez-vous une franche poignée de main – même s'il vous a battu à plate couture –, et faites le rappel des suivis.

Du côté de l'invité

■ Assurez-vous d'arriver au moins 30 minutes avant votre heure de départ.

■ Respectez l'étiquette du golf en général et les règlements du club en tout : il vaut mieux ne pas incommoder votre hôte ou offenser les autres joueurs ; ils ne seraient pas très impressionnés.

■ Si vous devez absolument prendre vos messages téléphoniques et effectuer un appel, avisez votre hôte et déterminez le moment opportun.

■ Au moment du départ, remerciez votre hôte. Dans les jours qui suivent, remerciez-le par une note manuscrite, un appel téléphonique ou un courriel.

En respectant l'étiquette du golf, vous aurez une occasion en or de montrer que vous avez de la classe, de projeter une image positive, de consolider les contacts relationnels et d'affaires déjà établis ou de favoriser de nouvelles affaires.

7

LE RÉSEAU, ANTIDOTE AU CHÔMAGE

Ce livre ne se veut pas un autre ouvrage sur la recherche d'emploi. Il y en a déjà bien assez comme ça. Ce chapitre n'entend pas non plus se substituer aux services offerts par les clubs de recherche d'emploi ou les firmes de réaffectation. Mais comme je suis consciente que la majorité des emplois sont obtenus grâce au réseautage, voyons voir comment ce qui suit peut faciliter votre recherche. Toutefois, d'entrée de jeu, je vous fais la mise en garde suivante : le réseautage, plus particulièrement la magie du bouche à oreille, est un *complément* au CV bien léché, aux diplômes de tous niveaux et à l'expérience pertinente. À lui seul, il ne fait pas des miracles.

Si jusqu'ici vous avez vécu en vase clos, évitant tout contact relationnel avec vos collègues, si vous n'êtes jamais sorti de votre chemin pour aider quelqu'un, si vous évitez même de sourire à vos voisins de palier, si vous n'avez jamais gardé contact avec vos compagnons de collège, si vous ne fréquentez même pas les membres de votre famille, etc., ne vous attendez pas à ce qu'on remue ciel et terre pour vous seconder dans vos recherches.

En effet, avant de blâmer qui que ce soit pour les problèmes que vous avez à vous trouver un emploi, rappelez-vous qu'il n'y a rien de gratuit en ce bas monde. Tout se paie. Tout se gagne. Il est illusoire de penser que quelqu'un que vous avez totalement ignoré jusqu'ici va se fendre en quatre pour vous recommander à quiconque. Vous ne savez pas avec qui vos contacts sont parents, avec qui ils font affaire, avec qui ils sont allés au collège ni même avec qui ils jouent au golf ou au tennis. Il se pourrait bien que la référence que vous obtiendrez par leur entremise aura été un retour d'ascenseur dont vous serez le bénéficiaire.

Vous avez toujours un emploi mais vous songez à un changement de carrière ? Tout particulièrement s'il s'agit de sortir du secteur des organismes sans but lucratif ou d'y entrer, le réseau devient encore plus important. Très souvent, ce genre de transfert s'effectue par l'intermédiaire des relations d'affaires que vous avez établies avec des gens qui sont prêts à parler en votre faveur.

Le réseautage, un outil de première importance

Les chiffres en font foi et les statistiques canadiennes, américaines et françaises sont unanimes : les réseaux relationnels ont préséance sur les autres outils de recherche et d'obtention d'emploi, comme les réponses à l'affichage interne, aux annonces publiques et sur Internet, l'envoi massif de CV ou les démarches auprès de recruteurs, etc.

- De 50 % à 80 % des embauches de cadres résultent d'une démarche relationnelle (APEC, agence de cadres, France, 2003).

- 78 % des gens font appel à leur réseau pour se trouver un emploi (Iresco, 1999).

- Des Nord-Américains qui ont trouvé un emploi au cours des 15 dernières années, 35 % en ont entendu parler dans leur entourage (Career911, 2003).

■ 33 % des personnes ont trouvé un nouvel emploi grâce à un contact personnel, selon le Ministère de l'emploi, du travail et de la cohésion sociale (2003).

Pas de doute, jouer à l'autruche dans une ère de fusion, de consolidation, de réorganisation et de mondialisation, alors qu'au même moment le nombre de diplômés augmente, est dangereux. Tout le monde, du président au commis en passant par le soudeur, est assis sur un siège éjectable.

Selon l'enquête mondiale intitulée *Indice de confiance par rapport à la carrière,* conduite par Right Management Consultants en 2003, plus de 20 % des travailleurs canadiens pensaient subir une perte d'emploi au cours de la prochaine année. Mieux vaut prévenir que guérir ! C'est quand on est en poste qu'on doit travailler à bâtir son réseau.

Dénicher le marché caché de l'emploi

L'objectif du chercheur d'emploi est de trouver le marché caché de l'emploi — là où sont les postes disponibles non affichés et non annoncés — et d'y accéder. Officiellement, plusieurs entreprises et institutions n'embauchent plus ou très peu. En fait, elles comblent leurs besoins en puisant directement dans leurs relations (33 %) ou dans leur banque de candidatures récentes (20 %). On fait également appel aux employés pour des recommandations. On leur paie même des primes si on embauche le candidat qu'ils ont proposé.

Il va sans dire que les gens que vous rencontrez alors que vous êtes en recherche d'emploi n'ont pas forcément un emploi en réserve pour leurs amis. Toutefois, ils pourraient bien posséder un réseau de contacts qu'ils seraient susceptibles de mettre à votre disposition ou encore être disposés à vous indiquer des pistes solides. Certains iront même, s'ils vous connaissent bien, jusqu'à vous recommander à un de leurs contacts qui a un poste à pourvoir.

À qui pouvez-vous faire appel ?

Avoir recours aux gens de votre entourage personnel et professionnel, aux personnes rencontrées durant des activités de réseautage avec lesquelles vous avez établi des liens s'insère dans une démarche de réseautage en recherche active. N'hésitez pas à leur préciser le type d'emploi que vous recherchez et dans quel secteur d'activité vous seriez à l'aise d'évoluer. Assurez-vous de pouvoir faire état, de manière cohérente, de vos expériences, de vos habiletés et de la valeur que vous pouvez apporter à un futur employeur.

De plus, mettez de côté vos idées préconçues. Non seulement freinent-elles vos ardeurs dans votre stratégie de recherche d'emploi, mais elles lui donnent, à tort, des pouvoirs magiques. En voici quelques-unes :

« Mon réseau va me trouver un emploi. »
L'objectif du réseautage n'est pas de vous trouver un emploi, même pas de vous obtenir une entrevue. Le rôle de vos contacts se résume à vous fournir de l'information sur le poste ou le domaine qui vous intéresse ou à vous indiquer la bonne porte d'entrée dans les entreprises ayant possiblement des postes à pourvoir, ou encore le nom de personnes au fait des postes disponibles dans les secteurs visés.

« Pour me placer les pieds, le réseautage suffit même si je n'ai pas ce qu'il faut. »
Depuis toujours, les relations personnelles et professionnelles ont permis à de nombreuses personnes de dénicher un emploi. J'ai connu une période où les emplois, tout particulièrement dans le secteur manufacturier, étaient comblés au sein de la famille. De nos jours, productivité oblige, vous ne serez généralement embauché que si vous êtes vraiment qualifié. Il vous faudra vous distinguer des autres candidats et partager – du moins, sembler partager – la culture organisationnelle.

Les spécialistes en ressources humaines vous le confirmeront : il est devenu très dangereux d'embaucher une personne incompétente. Ça peut même faire la une des journaux et entacher la réputation du «piston». Au Québec, on a longtemps appelé ces emplois des «postes politiques». En Europe, on parle d'emplois «pistonnés». Ils sont aussi contestés les uns que les autres.

« Et s'ils pensaient que je renoue contact uniquement parce que je me cherche un job ? »

Vous n'êtes pas le seul à avoir négligé vos proches à cause d'un travail exigeant. Après la perte d'un emploi, plusieurs, comme vous, se retirent temporairement pour rebâtir leur amour-propre. Par la suite, vous êtes gêné de renouer avec vos anciens collègues ou vos connaissances de crainte qu'on en déduise que vous le faites uniquement parce que vous êtes en recherche d'emploi.

Même en vacances prolongées – et c'est souvent le cas des femmes en congé de maternité –, il est important de donner des nouvelles aux membres de son réseau, ne serait-ce que par personne interposée. Les gens qui ont de la considération pour nous aiment suivre, même à distance, la progression de notre carrière. Néanmoins, il n'est jamais trop tard pour refaire surface. Les vrais amis sont normalement intéressés à reprendre le contact.

Renouez avec ceux-là d'abord. Ne craignez pas de vous excuser de votre long silence avant de sonder leur appui possible. Vous réaliserez que plusieurs seront empathiques à ce que vous vivez et n'hésiteront pas à répondre à vos questions ou à vous mettre en contact avec des gens de leurs connaissances.

« Pour trouver un emploi, il me faut communiquer avec des étrangers. »

Ce ne sont pas vos contacts les plus proches qui sont susceptibles de vous mettre sur la meilleure piste. Si vous fréquentez ces personnes régulièrement, vous partagez probablement le même type d'information. Il est clair que vous avez plus de chances d'obtenir de la nouvelle information si vous vous éloignez de votre milieu habituel.

Que ce soit bien clair, il n'est pas question de faire appel à des étrangers pour solliciter un emploi. Vous vous adressez à eux pour obtenir des conseils sur votre orientation, pour connaître les tendances dans une industrie ou ce qui prime aux yeux d'un employeur éventuel. Les gens sont généralement portés à l'entraide. Les résultats que vous obtiendrez seront conséquents avec votre manière de communiquer : vous demandez ou vous quêtez de l'aide.

Il est prétentieux d'espérer qu'un pur étranger vous recommande sans vous avoir d'abord rencontré. Je le répète encore une fois : on achète la personne d'abord, son service ensuite. L'aide que vous recevrez sera souvent proportionnelle à la qualité du rapport que vous aurez établi. Il est difficile de créer un rapport de qualité par téléphone ou par courriel.

« Je ne travaille pas, alors je n'ai rien à offrir. »

Plusieurs croient que de ne plus avoir d'emploi ni de cartes professionnelles à distribuer fait en sorte qu'ils n'ont plus rien à offrir. Pourtant, ils sont tout aussi intelligents, expérimentés, compétents qu'« avant », et possèdent aussi un réseau qu'ils peuvent mettre au service des autres. La société valorise énormément le travail et les titres, et de s'en trouver privé tout à coup peut donner l'impression de devenir soudainement anonyme et inutile.

Allons ! Vous n'êtes quand même pas atteint d'une maladie honteuse ! Redressez-vous et tournez-vous vers ceux qui vous connaissent bien et avec qui vous êtes le plus à l'aise. Prenez le temps de les informer du genre de travail que vous recherchez et des bénéfices qu'un employeur aurait à retirer de vous embaucher. On peut avoir fréquenté une personne assidûment sans jamais avoir discuté des particularités de son travail. La qualité de la référence sera proportionnelle à la connaissance de vos habiletés. C'est le temps de vous faire valoir !

Mais sachez qu'on ne peut pas toujours être que celui qui « prend ». Alors, vous avez du temps libre ces jours-ci ? Pourquoi ne pas leur proposer vos services pour une tâche ponctuelle ? Selon votre expertise, ça pourrait aller de la préparation de la déclaration de revenus à la recherche d'un camp de vacances spécialisé pour un adolescent.

« Un diplôme universitaire garantit un job intéressant à vie. »
Il est indéniable qu'un diplôme, qu'il soit universitaire ou non, constitue un atout. De nos jours, toutefois, un diplôme n'est pas suffisant ; il ne protège pas des problèmes de conjonctures économiques ou des compressions résultant des mauvaises performances financières. Consciente de ce fait, l'université de Standford, en Californie, a greffé à ses programmes deux cours obligatoires sur le bilan et la gestion de carrière, incluant le réseautage. C'est tout dire !

Vous n'avez rien à gagner à vous poser en victime. Ne dites jamais : « J'ai été victime d'une fusion d'entreprises » ou « J'ai été victime d'une fermeture d'usine. » Personne n'aime fréquenter – et encore moins embaucher – des victimes ! De grâce, trouvez des synonymes. J'aime mieux entendre quelqu'un se présenter comme « un nouveau retraité involontaire ». Il vaut toujours mieux faire envie que pitié.

Utilisez avantageusement votre réseau

Vous partez à la chasse à l'information capable de vous diriger vers l'emploi convoité, et vous avez dans la mire un certain nombre de personnes susceptibles de vous renseigner : membres de votre famille œuvrant dans le secteur visé, amis et fournisseurs de services (coiffeur, garagiste, banquier, etc.), anciens clients, employés ou cadres d'une firme visée, étudiants et nouveaux diplômés, gens rencontrés lors de vos loisirs, etc. Quelles sont les questions à poser ? En voici six qui peuvent vous mettre sur une bonne piste.

6 QUESTIONS MAGIQUES POUR RECUEILLIR DE L'INFORMATION

1 « Je cherche du travail dans tel domaine ; savez-vous qui recrute présentement ? »

2 « Je me réoriente dans tel domaine ; pouvez-vous m'informer de la situation actuelle et des tendances ? »

3 « Je désire parfaire mes compétences dans telle matière ; connaissez-vous les institutions d'enseignement qui donnent des cours du soir ? »

4 « Connaissez-vous quelqu'un qui pourrait m'informer de [...] ? »

5 « Voici la liste des entreprises avec lesquelles je désire communiquer. Y a-t-il quelqu'un à qui je pourrais parler plus particulièrement ? »

6 « Si vous étiez à ma place, à qui d'autre vous adresseriez-vous ? »

Encore une fois, écoutez attentivement les réponses. Si la personne se sent écoutée, elle sera plus encline à vous revenir dès qu'elle aura obtenu d'autres renseignements susceptibles de vous être utiles. Assurez-vous d'être facile à joindre.

Établissez votre stratégie en tenant compte de votre réseau

1. Faites avant tout votre **bilan personnel et professionnel**, et déterminez vos avantages concurrentiels, tel que mentionné au chapitre 2. Pensez au style de vie que vous désirez et aux compromis que vous êtes prêt à faire. Référez-vous à vos contacts pour valider votre réflexion.

2. Définissez clairement et précisément votre **choix professionnel** afin de faciliter la collaboration de vos relations. Par exemple : « J'ai déjà de l'expérience dans le service à la clientèle et je désire continuer dans ce domaine. J'opterais toutefois pour un emploi dans une grande entreprise du secteur pharmaceutique ou biotechnologique, dans la région de Montréal. »

3. Selon vos besoins d'information, choisissez les **personnes les plus aptes à vous répondre** favorablement en fonction de la nature de vos liens, de leur expérience, de leur profession ou des secteurs qui leur sont familiers. Certaines pourraient vous informer du processus de recrutement et des postes ouverts dans leur entreprise, des caractéristiques de l'industrie et de l'implantation des nouvelles technologies de fidélisation de la clientèle, de la pertinence de votre profil, ou encore, d'autres pourraient parler de votre recherche dans leur cercle de référence. D'autres pourraient vous indiquer comment elles ont récemment déniché leur emploi ou quelles sont les agences de placement spécialisées dans ce secteur. D'« ébruiter » votre recherche vous place en mode « expansion » de réseau et vous amène progressivement vers des contacts de plus en plus utiles et la possibilité de mettre votre CV dans les bonnes mains.

4. Adoptez une démarche cohérente : procédez par étapes en commençant par les personnes que vous connaissez très bien et faites un suivi avant de vous lancer dans une nouvelle direction.

5. Si vous avez déjà eu un emploi, assurez-vous que votre employeur précédent corroborera la cause du départ que vous fournirez. Vous n'êtes pas sans savoir que c'est probablement la première référence qui sera vérifiée.

6. Déterminez les activités de recherche et la priorité que vous y accorderez :

- Participation aux activités de réseautage des associations ou groupes : chambres de commerce, associations professionnelles ou de diplômés, clubs de service, etc.

- Fréquentation des réunions de famille, des clubs sportifs, des colloques ou conférences, des groupes communautaires et tous les endroits ou événements où vous pouvez rencontrer des gens susceptibles de vous prêter main-forte.

- Sollicitation de rencontres d'information ; votre objectif demeure d'obtenir une rencontre ou un entretien téléphonique. Jetez votre dévolu sur les personnes qui ont des réseaux diversifiés. Devant les reports ou les refus, restez poli.

- Participation à des salons ou à une journée carrière dans un établissement d'enseignement. Ils vous renseignent sur les entreprises dont vous aviez rêvé joindre les rangs et vous permettent de discuter avec les responsables des possibilités de carrière. C'est également une superbe occasion de créer des contacts.

- Profitez de votre temps libre pour faire un peu de **bénévolat.** Cela permet de vous démarquer des autres candidats et de démontrer aux éventuels employeurs que vous êtes une personne responsable, généreuse et capable de s'engager, ce qui est très prisé dans tout emploi. On a tendance à associer d'emblée certaines qualités au travail bénévole : l'engagement, la fiabilité, le sens des responsabilités, l'initiative, la ponctualité et la capacité à travailler en équipe. C'est aussi un excellent moyen de bâtir un réseau de contacts diversifiés.

- Assurez-vous de laisser une trace. Il m'est arrivé à quelques reprises d'être dans l'impossibilité de joindre quelqu'un à qui j'avais de l'information à transmettre. Faites-vous imprimer une bonne provision de cartes de visite. Ce n'est pas très bien vu de continuer à utiliser ses anciennes cartes sur lesquelles on a griffonné un nouveau numéro de téléphone.

Je ne traite pas ici des techniques d'entrevue et de prise de rendez-vous, ce n'est pas mon domaine. Mais il m'est impossible de passer sous silence la nécessité – j'irais jusqu'à dire l'obligation – de témoigner rapidement de la reconnaissance à ceux qui vous ont aidé et consacré du temps, **peu importe le résultat obtenu.**

Au départ, quand vous obtenez une référence, **dites merci.** Quand on vous reçoit ou qu'on vous organise une rencontre avec quelqu'un, **dites merci.** Et pourquoi ne pas fournir un court compte rendu des résultats de votre démarche, par courriel ou par téléphone ? On pourrait être impressionné par votre savoir-vivre, et ce geste pourrait bien donner le goût de faire plus ou mieux pour vous éventuellement.

Profitez du réseautage en ligne

Aux méthodes reconnues et traditionnelles s'ajoutent maintenant le cyberréseautage, grâce auquel vous pouvez vous tisser un réseau virtuel de contacts, autrement inaccessibles. L'avantage premier du réseautage en ligne est la possibilité d'obtenir immédiatement réponse à vos demandes et l'efficacité qui en découle. S'ajoutent l'accès sans frontières, la fin de la «tag» téléphonique, la réduction de l'inconfort à demander de l'aide au téléphone ou en personne et la possibilité de communiquer avec n'importe qui sans la permission d'une personne qui nous réfère.

La stratégie du cyberréseautage peut optimiser la portée de vos efforts, pourvu qu'elle reflète une démarche sérieuse, même par courriel :

■ *Initiez massivement des contacts.* Au départ, ratissez le plus large possible car, faute de temps ou d'intérêt, plusieurs ne vous répondront pas.

■ *Faites vos suivis de façon sélective.* Plusieurs de vos cybercontacts désireront jouer les bons Samaritains mais, dans un esprit de productivité, triez-les en fonction de votre recherche et ne poursuivez qu'avec ceux que vous croyez sérieusement en mesure de vous aider.

■ *Soyez vous-même.* Le sérieux de votre démarche professionnelle doit paraître dans votre communication : nommez-vous. Si vous avez déjà un compte sous un pseudonyme du genre « ouadidi » ou « beautéfatale », ouvrez-en un second sous votre vrai nom.

■ *Soyez courtois et impressionnant.* Saluez votre cybercontact, soyez chaleureux et courtois, évitez le tutoiement et les émoticônes, et laissez une signature minimale.

■ *Utilisez le langage des communications d'affaires.* Soyez bref dans l'entrée en matière et entrez rapidement dans le vif du sujet, employez une tournure de phrase simple et précise, et n'utilisez le jargon du métier et les abréviations que lorsque vous vous adressez à des gens du métier – MD peut vouloir dire « marque déposée » ou « docteur en médecine ». Par ailleurs, respectez la langue utilisée. Par exemple, évitez d'émailler votre texte français de termes techniques anglais sous prétexte qu'ils sont plus courants.

■ *Utilisez un modèle de courriel approprié.* Il est plus efficace de poursuivre la correspondance avec les cybercontacts qui vous semblent les plus susceptibles de vous aider en vous servant d'un modèle de base dans lequel vous fournissez l'information suivante :

- Comment l'avez-vous découvert ? Il a fait l'objet d'un reportage à la radio ou à la télévision ; il faisait partie de la table ronde lors du déjeuner de votre association professionnelle ; vous avez lu son livre ; etc.

- Pourquoi croyez-vous que ce contact peut vous aider ? Il connaît le secteur ou le domaine que vous visez ; il est reconnu dans sa profession ; etc.

- Que peut-il vous apprendre ? Les emplois en déclin et ceux qui feront fureur demain ; quelles sont les industries émergentes ; où circulent les contacts que vous désirez rencontrer ; etc.

- Quelles affinités avez-vous décelées ? Vous avez étudié au même collège ; vous partagez la même passion pour votre spécialité ; vous avez la même approche de réseautage durable ; etc.

Bien qu'encore jeune et sous-exploité, le cyberréseautage offre d'intéressantes occasions d'élargir son champ de recherche et d'obtenir des points de vue plus variés et moins locaux. Quant aux chercheurs prêts à sortir de leur zone de confort, c'est une stratégie susceptible de les satisfaire.

Je vous parle ici de cyberréseautage parce que c'est dans l'air du temps, mais je demeure convaincue que le contact idéal se fait en tête-à-tête. Bien que je reçoive plus que ma part de CV et de demandes d'emploi par courriel, je dois avouer que je ne suis pas plus emballée qu'il ne le faut de correspondre avec des internautes tombés du ciel, surtout s'ils ne se soucient même pas de me fournir un nom et une adresse postale.

5 FAUX PAS À ÉVITER

1 *Demander un emploi.* Ne vous méprenez pas : trouver un emploi, c'est la responsabilité du chercheur. Celle d'un contact est de l'alimenter en information ou de lui proposer d'autres contacts, et de le soutenir. Demandez de l'aide et vous avez des chances d'en obtenir. Demandez un emploi et on vous dirigera tout droit au service des ressources humaines. C'est là toute la différence.

2 *N'avoir ni fait le tour de son jardin de compétences et d'aspirations ni déterminé le genre d'emploi convoité et le secteur désiré.* Déranger ses contacts avec des questions imprécises et les lancer dans toutes les directions parce qu'on n'arrive pas à décider de ce qu'on veut faire génèrent la confusion, les mauvaises pistes et une perte de temps inouïe. C'est un moyen quasi infaillible de fermer ses contacts à toutes demandes futures.

3 *Utiliser à son insu le nom d'un de ses contacts ou celui d'une personne comme référence dans le but d'obtenir une entrevue ou une information privilégiée.* Cette façon de faire relève non seulement d'un manque flagrant de savoir-vivre, mais s'avère une entorse impardonnable au principe du réseautage qui peut aller jusqu'à un bris de confiance irréversible. On n'utilise le nom d'un contact que lorsqu'il nous le permet expressément ou après le lui avoir demandé précisément.

4 *Se vanter de l'importance des personnes qui nous ouvrent leur porte ou qui nous conseillent, ou dévoiler à qui veut l'entendre l'information privilégiée qui nous a été donnée.* Ce type de comportement peut nous inscrire à jamais sur une liste noire. Vaut mieux agir avec discernement et profiter des avantages qu'on retire de son réseau.

5 *Ne pas dire merci.* Toute forme de soutien et d'entraide, indépendamment des résultats de la démarche, mérite au moins ce témoignage de reconnaissance minimal ! Pensez à tous les gens qui ont acquiescé à vos demandes, à ceux qui les ont précédés et à ceux qui étaient à vos côtés pour vous remonter le moral et vous dire « Lâche pas, t'es capable ! »

Votre réseau représente à coup sûr votre meilleur outil marketing. Les nombreux réseaux ou groupes d'affaires, professionnels, sociaux ou caritatifs s'avèrent les milieux tout indiqués pour faire votre promotion, générer des recommandations et rencontrer les clients actuels et potentiels. Et, bien sûr, pour y côtoyer vos contacts existants autant que pour en nouer de nouveaux.

Compte tenu de l'importance de vos objectifs de réseautage et des investissements requis, vous vous devez de faire un choix judicieux des réseaux auxquels vous adhérez.

8

UN RÉSEAU DURABLE : UN INCONTOURNABLE POUR PROSPÉRER

Les relations d'affaires sont rarement spontanées. Elles croissent avec le temps et, nourries par une confiance mutuelle, se développent à mesure que s'échangent les bénéfices communs. De plus, les clients ou les fournisseurs, recommandés par vos contacts, auront d'emblée confiance en vous et tendance à vous être fidèles. Pour toutes ces raisons, vous devez investir quotidiennement dans l'optimisation de votre réseau. Pour ce faire, assurez-vous de pouvoir répondre aux neuf questions suivantes :

1. Suis-je « connecté » aux meilleures personnes ?

2. Qui sont les joueurs clés avec qui je devrais maintenir des relations étroites ?

3. À quelle information ai-je accès ? Est-ce que je l'exploite à bon escient ou est-ce qu'elle dort dans ma mémoire ?

4. De quelle façon je nourris et fidélise mes contacts les plus importants ?

5. Parlons-nous des vraies affaires ?

6. Comment créer la synergie entre nos réseaux respectifs et nous assurer que l'information circule bien dans l'entreprise et dans nos réseaux respectifs ?

7. Qu'ai-je à offrir aux membres de mon réseau et à mon entourage ?

8. Suis-je considéré comme un contact intéressant par les membres de mon réseau ?

9. Quels sont mes besoins et mes objectifs ?

Faites le point régulièrement

Au dire d'un analyste financier muté à l'étranger, le plus difficile, lorsqu'on est transplanté rapidement dans un environnement inconnu, n'est pas d'être éloigné des parents et des amis, mais d'avoir à fonctionner sans le filet de sécurité des membres de son réseau.

Même si vous passez toute votre vie dans la même région, gardez toujours à l'esprit qu'un réseau est un organisme vivant qui ne restera en bonne santé qu'au prix d'examens périodiques et de traitements appropriés. À ce sujet, vous devez poser cinq gestes importants :

1. Révisez annuellement vos buts et vos objectifs pour la prochaine année.

2. Actualisez, au moins deux fois par année, la liste de vos contacts : mise à jour de leurs coordonnées et ménage de vos fichiers.

3. Assurez-vous de conserver parmi vos « favoris » vos « bons contacts », ceux qui sont les plus susceptibles de concourir à l'atteinte de vos objectifs, et les nouvelles relations que vous désirez connaître davantage. Vous serez ainsi mieux outillé pour les qualifier à la section suivante.

4. Retenez également les « favoris » de certains membres de votre réseau.

5. Profitez-en pour optimiser la gestion de vos contacts : vous aimez bien votre Rolodex, mais un logiciel de gestion de contacts faciliterait grandement vos mises à jour et vos activités de suivi. Pour plus de détails à ce sujet, jetez un œil à mon premier livre, *Comment bâtir un réseau de contacts solide.*

Réseauter, c'est autant s'engager à contribuer au succès des membres de son réseau que de créer et renforcer un réseau de gens à succès. Vous vous rendrez rapidement à l'évidence qu'en donnant aux gens plus que ce qu'ils s'attendent à recevoir, vous recevrez plus que vous n'attendiez.

Avez-vous de « bons » contacts ?

La valeur d'un réseau tient davantage à la qualité des contacts qu'à leur nombre. Si vous savez bien choisir vos contacts, il vous sera plus facile de repérer et d'entretenir ceux qui ont les compétences ou les ressources qui vous manquent pour réaliser vos objectifs.

Le fait de vous retrouver dans un milieu propice aux nouvelles rencontres ne signifie pas pour autant que vous ne moissonnerez que de « bons » contacts. En réseautage d'affaires, tout particulièrement, vous devrez faire preuve de discernement, sans quoi vous pourriez perdre un temps précieux. Mieux vous connaîtrez une personne, mieux vous serez en mesure de juger où elle se situe sur votre liste de contacts en la comparant à votre liste de validation personnelle. Les critères de validation varient d'un réseauteur à un autre selon ses valeurs et ses besoins, et chacun de vos contacts répond à certains d'entre eux. Voici mes 10 critères éprouvés. À vous de dresser votre liste selon ce que vous privilégiez.

10 CRITÈRES POUR ÉVALUER
LA QUALITÉ D'UN CONTACT

1 Un bon contact est compétent et crédible dans son milieu : je lui fais entièrement confiance.

2 Un bon contact est joignable quand j'en ai besoin : il s'inquiète plus de mon sort que de l'heure ou de l'endroit où je le joins.

3 Un bon contact m'apporte quelque chose autrement inaccessible que je considère comme utile sur le plan professionnel ou personnel. Il m'obtient facilement des billets de hockey ou de football quand des clients étrangers débarquent en ville.

4 Un bon contact me rend service quand je le lui demande : il accompagne mes enfants à la garderie quand je dois partir très tôt pour des petits-déjeuners de réseautage.

5 Un bon contact me fournit des renseignements utiles qui me permettent de réaliser mon travail plus rapidement et d'obtenir de meilleurs résultats. Il me fait connaître une nouvelle publication traitant de ma marotte ou me rafraîchit sur les dernières actualités.

6 Un bon contact me donne accès rapidement à des renseignements, privilégiés ou non, que j'aurais eu de la difficulté à obtenir autrement. Il me confie le numéro de téléphone privé d'un décideur.

7 Un bon contact me fait confiance. Il reconnaît mes talents et mes compétences. Il suggère mon nom comme conférencier lors d'un important congrès ou recommande mes services à un client potentiel.

8 Un bon contact côtoie des gens avec qui j'aimerais brasser des affaires. Il a comme voisin un membre influent du secteur des nouvelles technologies qui faciliterait ma percée dans ce marché.

9 Un bon contact a la réputation de provoquer les événements. Si je meurs d'envie de rencontrer telle personne influente, le bon contact organise un cocktail où j'aurai l'occasion de rencontrer, comme par hasard, cet oiseau rare.

10 Un bon contact m'écoute sereinement quand je suis au bord de la crise de nerfs… et je peux en tout temps compter sur sa discrétion.

Cette liste de validation vise non seulement à vous éviter de perdre votre temps, mais surtout à repérer parmi vos relations quotidiennes des contacts que vous n'avez jamais perçus comme tels. Même si la première impression est toujours la plus forte, il faut parfois savoir aller au-delà. Il y a des gens qui prennent plus de temps que d'autres à se dévoiler. Patience !

Êtes-vous un bon contact ?

Avant de dire qu'un réseau ne vous a rien rapporté, il faudrait vous demander si vous êtes une personne qu'on apprécie dans un réseau. Un petit examen de conscience s'impose ici :

■ Êtes-vous le type de personne qui prend davantage qu'elle donne ?

■ Connaissez-vous suffisamment bien vos contacts pour être en mesure de les aider, de les encourager ou de les recommander au moment opportun ?

■ Êtes-vous du type rassembleur ou connecteur ?

■ Avez-vous la reconnaissance plus facile que la critique ?

En affaires, il est démontré qu'il est plus facile (et surtout que ça coûte moins cher) de fidéliser un client que d'en trouver de nouveaux. Il en va de même en réseautage : fidéliser ses contacts requiert moins de temps et d'investissement qu'il en faut pour en recruter de nouveaux.

Savez-vous à qui faire appel ?

Maintenant que vous avez réussi à cerner vos « bons » contacts, il vous faut repérer parmi eux ceux qui sont susceptibles de pouvoir vous aider ou simplement de vous fournir les noms de personnes capables de le faire selon les enjeux auxquels vous faites face.

Il arrive également que certaines personnes, avec la meilleure volonté du monde, vous proposent leur aide sans avoir les qualifications requises, vous lancent sur de mauvaises pistes, bref, vous font perdre un temps précieux.

Larry Easto, auteur de *Networking Is More Than Doing Lunch*, propose un questionnaire qui permet d'y voir plus clair.

Questions à vous poser	Raisons sous-jacentes
Depuis quand est-ce que je connais cette personne ?	Vous avez certainement une idée plus réaliste de la réputation, des compétences ou de la fiabilité d'une relation de longue date. Toutefois, ne repoussez pas d'emblée vos récentes relations. Surtout si vous détectez une volonté mutuelle d'établir une connexion.
Est-ce qu'elle me connaît bien ?	Mieux cette personne connaît votre personnalité et votre façon d'agir, plus appropriées seront ses références ou la qualité de l'information qu'elle vous fournira.
Comprend-elle bien la nature de mon travail ?	Imaginez qu'une personne de votre réseau vous obtienne une entrevue auprès de clients potentiels pour des services... que vous n'offrez pas ! Non seulement la situation est embarrassante, mais tout le monde perd son temps.

Connaît-elle bien mon industrie, mon entreprise ?	Mieux elle connaît votre industrie ou votre entreprise, meilleure sera la référence, ou le conseil, approprié.
A-t-elle démontré une bonne compréhension des affaires en général ?	Une personne « d'affaires » fait un meilleur contact professionnel. Certaines personnes bien intentionnées, mais sans réelle expérience, peuvent vous faire perdre un temps fou si elles ne connaissent rien aux affaires, à tout le moins au type d'affaires que vous faites.
Que gagnera-t-elle à m'aider ?	Avant de lui demander de l'aide, assurez-vous que cette ressource y trouvera son compte, surtout si elle doit faire des démarches auprès de ses contacts personnels.
D'après nos entretiens et mes observations, est-elle crédible à mes yeux ?	Si vous devez agir sur les recommandations et les idées de ce contact, vous devez avoir confiance en lui. Si des doutes subsistent, vérifiez auprès de gens qui connaissent cette personne ; sinon, restez-en aux discussions amicales.
Basé sur les commentaires d'autres personnes, est-ce que cette personne est considérée comme « crédible » ?	Les commentaires provenant de l'extérieur doivent coïncider avec vos propres observations. Si une personne en qui vous avez pleinement confiance vous met en garde contre un nouveau contact, jouez de prudence et attendez avant de confier un mandat à ce dernier.
Est-il raisonnable d'envisager que cette personne devienne un contact pouvant me référer ?	Si votre contact n'a pas lui-même un réseau performant et diversifié, comment peut-il vous aider ?

Lorsqu'un de vos contacts fait appel à vous, sachez reconnaître bien honnêtement votre capacité à répondre efficacement à sa requête. Si vous ne connaissez ni les tendances de son industrie ni personne de bien versé dans ce domaine que vous pourriez lui référer, alors avouez-le et passez votre tour cette fois-ci.

Ne sous-estimez jamais la valeur d'un contact

Il est relativement facile d'agrandir son réseau parce que tout le monde a quelque chose à offrir. Rappelez-vous que chacun de nous a au moins de 200 à 250 contacts à partager. On aurait donc tort de ne chercher à se faire connaître et de ne viser à inclure dans son réseau que des personnes haut placées ou bien nanties. Pourquoi ? Tout simplement parce que les décisions ne se prennent plus systématiquement à cet échelon et que l'information utile provient de personnes de tout acabit.

Apprenez à évaluer vos contacts et à leur accorder un ordre de priorité en fonction de vos besoins mutuels actuels : certains d'entre eux exigent beaucoup d'attention maintenant, alors que d'autres méritent d'être entretenus pour l'avenir.

Faites bon usage de vos contacts

Le réseautage durable, faut-il le répéter, représente un moyen éprouvé de recueillir, de traiter et de distribuer l'information pour votre bénéfice et pour celui des membres de votre réseau. Établir et fidéliser ses contacts exige du temps, des ressources et le respect des personnes et des principes de base du réseautage. Si vous vous servez adéquatement de votre réseau, ses membres ne risquent pas de se sentir utilisés, et vous éviterez ainsi d'en brûler de précieux en cours de route.

Vous n'avez qu'un ou deux contacts par domaine à qui vous demandez à tout propos de vous rendre service ? Ne vous surprenez pas s'ils ne répondent à vos appels que sporadiquement ou maîtrisent soudainement l'art de vous éviter. Saisissez leur message et donnez-leur du répit : de grâce, employez-vous à agrandir et à diversifier votre réseau.

Donnez sans compter... avant de demander

Dans *Comment bâtir un réseau de contacts solide*, j'insiste sur l'importance d'augmenter son crédit sans tenir de registre des faveurs accordées. Lorsque quelqu'un vous a rendu service, n'est-il pas naturel que vous vouliez un jour lui rendre la pareille ?

Donner sans attente est à l'opposé de la loi du plus fort, que plusieurs gens d'affaires n'hésitent pas à appliquer. Helena Cronin, chercheuse et codirectrice du Centre de philosophie et de sciences naturelles et sociales de la London School of Economics, affirme qu'on prospère davantage en coopérant avec autrui qu'en faisant cavalier seul. Ainsi, elle s'emploie à faire comprendre aux gens d'affaires qu'il leur est possible de faire mieux et d'aller plus loin en étant altruistes : plus on donne, plus on reçoit, même en affaires.

Mieux, la générosité devient partie intégrante d'une bonne stratégie d'affaires, et le réseautage s'avère son meilleur canal d'expression. Donner, contribuer au succès des autres et les soutenir constituent une attitude que les adeptes de la loi de la jungle ont beaucoup de mal à concevoir. Or, selon Helena Cronin, l'altruisme est un comportement génétique qui s'est développé même dans le monde animal, et donner finit toujours par rapporter. D'ici à ce que ces principes somme toute naturels passent dans les mœurs, ce n'est qu'une question de temps.

Soyez discret

Toute vérité n'est pas bonne à dire, comme toute information n'est pas bonne à diffuser. Crier sur tous les toits le nom des contacts qui vous ont glissé de l'information stratégique ou ouvert des portes débouchant sur l'obtention d'un mandat, ou encore vous ont donné accès à leur cercle d'influence, peut les froisser, surtout si vous avez été l'objet d'une attention spéciale justement en raison de la confiance qu'ils vous témoignaient.

Le contre-réseautage

Dans *Power Networking*, Donna Fisher et Sandy Vilas rappellent que le réseautage responsable **n'est pas** :

- *Vendre*. En principe, il y a échange d'information et entraide. Cela peut déboucher éventuellement sur des ventes ou des mandats, mais les transactions sont le plus souvent effectuées avec une tierce personne.

- *Utiliser les gens strictement pour combler vos besoins*. Si vous ne pensez qu'à vous, les gens en viendront à ne penser qu'à eux et, très bientôt, vous manquerez de joueurs pour combler vos besoins.

- *Harceler les gens au sujet de vos produits ou services*. Il est de bonne guerre d'informer vos contacts sur votre offre de service. Libre à eux ensuite d'en parler à leur entourage ou de vous recommander. Ils doivent d'abord vous « acheter », vous.

- *Manipuler ou forcer les gens à faire ce que vous voulez et les mettre dans l'embarras*. Les gens ont un code d'éthique, des valeurs et des politiques organisationnelles à respecter. Il est indécent de pousser vos contacts, à leur insu ou non, à les enfreindre pour vous faire plaisir. Ils pourraient également avoir dans leur réseau une autre personne qui leur fournit déjà ce type de service ou de produit et avec laquelle ils souhaitent, pour l'instant, continuer à travailler.

Jimmy se mord les pouces d'avoir accédé à la demande de son voisin Philippe de lui fournir la liste des membres du club de golf sélect dont il fait partie, car la diffusion de cette liste est interdite. Philippe l'a remise à son épouse, qui s'en est servie pour faire la promotion de son service de traiteur. La nouvelle entrepreneure s'est empressée de dévoiler sa source d'information. Jimmy a vu sa carte d'adhérent du club de golf suspendue pour un an. En outre, Philippe et son épouse ont sabordé la belle relation qu'ils entretenaient avec leur voisin.

L'art de prendre soin de ses contacts (ou de ne pas les brûler) consiste tout simplement à les respecter et à se mettre à leur place. Traitez-les comme vous voudriez qu'on vous traite.

Le réseau comme soutien au *benchmarking*

Le *benchmarking* (en français : analyse comparative, étalonnage, balisage) est une démarche comparative réalisée entre des personnes ou des groupes, basée sur un partage équilibré d'information. C'est un outil de gestion et d'amélioration de la performance. Que ce soit pour comparer les performances de votre entreprise, de vos services ou de vous-même, les membres de votre réseau représentent une source d'information précieuse et fiable.

En vous appuyant sur des points de référence et les pratiques professionnelles d'autres personnes ou entreprises œuvrant dans votre domaine, vous êtes mieux outillé pour cheminer entre votre situation actuelle et celle que vous ou votre entreprise vous êtes fixée. Vous pouvez comparer votre taux de roulement, votre modèle d'affaires, la productivité de votre équipement ou la performance de votre équipe des ventes.

La réussite de l'analyse comparative s'appuie sur la réciprocité, la confiance mutuelle entre les partenaires et la qualité et la fiabilité de l'échange d'information. C'est vraiment l'établissement d'un réseau de personnes-ressources – internes et externes – ayant un objectif précis et qui carbure à l'ouverture et à la curiosité.

La recherche de partenaires qui désirent échanger sur leurs pratiques est d'autant facilitée lorsqu'il existe dans votre réseau des partenaires potentiels ou des contacts recrutés par vos propres contacts. C'est en fréquentant les réseaux professionnels de son secteur d'activité qu'on rencontre les partenaires avec lesquels on va pouvoir créer un groupe d'échanges de pratiques. L'effet réseau va, ici, jouer à plein.

Sylvie Lainé, dans son livre *Le relationnel utile*, dépeint bien l'attitude *benchmark* : AVA – Aller Voir Ailleurs –, attitude faite d'ouverture, de curiosité et d'humilité.

Dans les services plus qu'ailleurs, pour améliorer la prestation, il faut se confronter. Et pour se confronter, il faut se rencontrer. C'est ici que le réseautage prend tout son sens. L'approche réseau et la démarche *benchmarking* y sont intimement liées.

L'information de première main, qui touche tant les facteurs de succès que les écueils à éviter, s'avère plus fiable lorsqu'elle est fournie par une personne ayant déjà réalisé une analyse comparative. Ainsi, avoir accès à cette information peut faire toute la différence entre le choix de s'engager ou non dans une démarche de *benchmarking,* et de le faire dans une perspective de réussite presque assurée.

L'utilité et l'effet de ce type de réseau se font sentir dans toute leur force : le champion réseauteur bénéficie non seulement de la solidité de son groupe – et, par conséquent, bénéficie des retombées positives –, mais en fait bénéficier les autres. Le soutien n'est jamais à sens unique ; la confiance non plus !

9

RÉSEAUTER, C'EST MULTIPLIER, ET NON ADDITIONNER

De nos jours, le recrutement de nouveaux clients n'est plus l'apanage du service des ventes ou des «commerciaux» de l'entreprise. On s'attend à ce que les entrepreneurs, les membres de la direction et les professionnels mettent sérieusement la main au développement d'affaires.

Faute de formation ou de savoir-faire, la plupart de ces personnes se lancent dans toutes les directions, investissent leurs énergies dans les nouveaux clients, de plus en plus de nouveaux clients, et s'essoufflent car c'est un perpétuel recommencement. C'est se concentrer sur une donnée de l'équation et négliger la seconde : le maintien à long terme de la clientèle profitable et loyale déjà existante.

Le réseautage demeure un moyen éprouvé et privilégié d'influencer à la hausse à la fois le développement de la clientèle et le maintien de la clientèle existante, et d'atteindre les objectifs financiers visés. La logique sous-jacente en est fort simple : le réseautage s'insère dans une perspective de durabilité et ajoute de la valeur aux services offerts, et ce, grâce à la référence de personnes d'influence, les contacts.

En effet, d'une part, la loyauté des clients se développe quand on prend le temps de les connaître de façon à pouvoir cerner leurs besoins et les satisfaire, et quand on continue à les soutenir dans les moments difficiles. D'autre part, les clients loyaux se transforment en contacts professionnels puisqu'ils cautionnent les produits et les services de leurs fournisseurs fiables auprès des membres de leurs propres réseaux. En fait, leur confiance rend un témoignage encore plus important : elle garantit avant tout l'expertise et l'intégrité de ces personnes.

Pour les micro-entrepreneurs, les professionnels et les travailleurs indépendants, utiliser les réseaux comme facteur de développement professionnel est crucial, car rares sont ceux qui sont capables de se payer le luxe de l'isolement sur le chemin de la prospérité.

Il faut en être bien conscient au départ, dans un contexte de recherche de clients ou de fournisseurs comme dans celui de contacts, l'important demeure de connaître les cinq principales règles du réseautage d'affaires et de les appliquer.

5 RÈGLES D'OR DU RÉSEAUTAGE DURABLE

1 Être digne de confiance et discret.

2 Récompenser ceux qui contribuent au réseau.

3 Recommander les uns aux autres.

4 S'informer des besoins des contacts actuels et potentiels, et servir de courroie pour les aider à les combler grâce aux personnes les plus qualifiées de leur secteur.

5 Persévérer, car le développement prend du temps. Le secret : tabler sur les clients actuels pendant qu'on en trouve de nouveaux.

Jouez la carte de la fidélité

Le moyen le moins coûteux et le plus rapide de développer votre clientèle consiste à jouer la carte de la fidélité avec votre clientèle actuelle. Comment réussirez-vous à la fidéliser ? En établissant une relation étroite, voire personnelle, avec vos clients profitables et loyaux, crédibles et ayant de l'influence. C'est un fait reconnu et prôné par plusieurs auteurs à succès, dont Andrew Sobel, dans son livre *Making Rain*, et Thomas J. Stanley, dans *Networking with the Affluent* : réseauter est la clé de la fidélisation.

Les « petits » clients (qui peuvent très bien en être de « gros » pour vous) comme les bien nantis, les grands entrepreneurs ou les dirigeants de multinationales préfèrent transiger avec des gens qui leur sont recommandés, qu'ils trouvent sympathiques et avec qui ils peuvent travailler à long terme. Pour maintenir une relation d'affaires et jouir de l'effet de levier de l'endossement de vos clients fidèles, messieurs Sobel et Stanley s'accordent sur les neuf facteurs de succès suivants :

1. Bâtissez une relation de confiance durable et contribuez à leurs réseaux : partagez leurs valeurs, soyez une ressource pour leurs contacts et circulez dans les mêmes cercles personnels et professionnels.

2. Ajoutez de la valeur à votre image dès le début plutôt que de vous attendre à recevoir : soyez généreux de vos conseils, de votre savoir-faire et de votre temps... surtout quand un bon client fait face à des problèmes et que les autres fournisseurs ont tendance à s'éloigner.

3. Faites confirmer votre expertise dans votre champ d'activité en rédigeant des rapports, en collaborant à des publications sectorielles, en faisant du mentorat, en étant directeur d'association, etc. Les gens préfèrent utiliser les services d'experts « consacrés » afin d'éviter les risques financiers – et les coups portés à leur ego – associés au choix d'un fournisseur incompétent ou malhonnête.

4. Faites montre d'empathie lorsqu'ils vous parlent de leurs besoins, de leurs objectifs et de leurs problèmes. Aidez-les à les combler ou à les solutionner, ou encore à trouver les ressources de qualité susceptibles de le faire. S'ils désirent relocaliser leur usine ou s'acheter une nouvelle demeure, conseillez-leur les meilleurs agents immobiliers. Vous êtes leur comptable et votre cabinet a des clients dans leur domaine ? Parlez-en. Allez-y gratuitement de ces « extras ». « *Go the extra mile* », comme le suggère fortement Andrew Sobel.

5. Concentrez-vous sur leurs intérêts et contribuez à augmenter leurs revenus : recommandez-les à vos collègues, à vos fournisseurs et à d'autres membres de votre réseau, ou informez-les d'avancées technologiques capables d'augmenter leur productivité. Assurez-vous qu'ils savent ce que vous faites pour eux et, au besoin, fournissez des preuves de vos initiatives.

6. Partagez de manière proactive leurs causes, leurs préoccupations ou leurs intérêts professionnels et soutenez leurs droits. Un nouveau projet de loi menace leur secteur ? Jouez au lobbyiste en montant un dossier pour leur publication sectorielle, qui sera diffusé par l'intermédiaire de leur association, ou en envoyant une lettre aux médias locaux ou au député de leur région en expliquant les enjeux, etc.

7. Soyez leur promoteur « personnel ». Ils se « vendent » peu ou mal ? Vantez-les dans leurs réseaux et leurs associations, aidez-les à écrire des capsules pour leur intranet, présentez-les à des personnes d'influence lors d'activités de réseautage. Il est souvent plus facile de promouvoir les autres que de se promouvoir soi-même.

8. Agrandissez votre réseau de contacts et d'influence, car plus votre réseau sera vaste et diversifié, plus vous aurez de ressources à offrir à vos clients.

9. Soyez patient et ayez une vision à long terme des avantages d'une clientèle loyale. Vous le savez maintenant : bâtir des relations interpersonnelles prend du temps. Mais ce n'est pas la fin en soi ; la fin réside dans une loyauté qui persiste dans le temps.

Vos clients fidèles vous rapportent

Le bouche à oreille (ou l'endossement interpersonnel) représente l'influence la plus forte dans la décision de retenir les services d'un nouveau fournisseur ou de conserver un fournisseur existant. Effet multiplicateur et source de revenus d'autant plus puissants que l'endosseur est influent et digne de confiance auprès d'un groupe d'affinités ou dans son secteur d'activité. Vos clients satisfaits et fidèles sont en mesure de vous rapporter beaucoup et de diverses façons.

■ *La réduction de vos coûts.* Les coûts « d'entretien » de clients existants, notamment en publicité, en promotion, en développement de présentations et en rencontres, s'avèrent plus faibles que les coûts d'acquisition de nouveaux clients. Vous investissez aussi moins d'énergie, de ressources et de temps à votre prospection. De plus, puisqu'il vous connaît, votre client sait aussi comment, à son tour, il peut vous aider en vous recommandant d'excellents fournisseurs ou des employés compétents.

■ *L'augmentation de vos revenus.* Grâce à votre système de gestion de contacts, vous connaissez mieux le comportement et les particularités de votre client. Votre capacité à le satisfaire et à prévoir ses besoins futurs devient chose plus facile, et l'impact se fait sentir sur l'augmentation de son volume d'achat ou l'approvisionnement en nouveaux produits.

■ *La multiplication des clients grâce à la promotion.* Le bouche à oreille de vos promoteurs personnels joue sur deux plans :

• Promotion interne : votre client satisfait est au courant des besoins de ses collègues et des projets en discussion. Il peut promouvoir votre avantage distinctif et vous ouvrir des portes dans l'entreprise ou dans d'autres entités de l'entreprise.

- Promotion externe : les clients satisfaits qui se rencontrent se rassurent mutuellement, ce qui ne peut que renforcer leur loyauté et les conserver dans votre giron. De plus, en vous recommandant à des clients potentiels, ceux-ci peuvent influencer favorablement leur décision de retenir vos services.

■ *La disponibilité de bancs d'essai privilégiés.* Vous pouvez valider des idées innovatrices en matière de services ou de façons de faire, tester de nouveaux produits ou réaliser des projets pilotes avec la collaboration de clients. Les deux parties en retirent des bénéfices et la confidentialité est acquise. Les gens sont flattés d'être consultés et aiment être associés à de futurs succès.

C'est clair, la dynamique de la fidélisation est alimentée grâce au réseautage, c'est-à-dire à la connaissance, à la confiance et aux recommandations mutuelles, au partage d'intérêts communs entre fournisseurs et clients qui sont liés par de fréquentes rencontres. Elle multiplie les clients, les fournisseurs et les partenaires à moindre coût, mais c'est à vous qu'incombe la responsabilité de leur démontrer que vos endosseurs avaient raison de vous recommander et de les intégrer à votre processus de fidélisation.

Recrutez de nouveaux clients

Contexte compétitif ou non, mondialisation ou non, les entrepreneurs, les représentants d'institutions financières ou autres, les professionnels et les travailleurs indépendants poursuivent un but commun : recruter de nouveaux clients à fort potentiel pouvant leur permettre d'atteindre leurs objectifs de développement. Ils doivent user de créativité en faisant souvent plus avec des budgets promotionnels stagnants et demeurer compétitifs sans y laisser leur chemise. Pour employer un cliché, le défi est de taille mais réalisable.

UNE DÉMARCHE STRUCTURÉE POUR RECRUTER DE NOUVEAUX CLIENTS

➡ Respectez les exigences de base considérées comme acquises pour tout fournisseur de services ou réseauteur :

- Développez la crédibilité générée par la compétence et l'expertise reconnues dans votre domaine d'activité.

- Soyez intègre.

- Offrez de la valeur ajoutée : des services de qualité différents, sinon meilleurs, que ce que proposent vos concurrents. À plus forte raison si vous exercez une profession libérale et êtes une entreprise de services, vous devez offrir davantage qu'un service personnalisé.

- Faites preuve de reconnaissance : remerciez et soyez fier de l'aide que vous recevez (si, bien sûr, la personne qui vous a aidé est à l'aise avec le fait que vous en parliez).

➡ Faites-vous une idée très claire des priorités, des objectifs et des ressources de votre entreprise. Vous êtes incapable de tout faire, alors évitez de vous disperser en tentant d'être tout pour tout le monde : déterminez votre créneau de clients.

➡ Repérez les personnes susceptibles d'accroître votre visibilité : concentrez-vous sur les relations qui ont de grands réseaux et le plus d'influence pour vous faciliter la vie et pour recruter des clients plus rapidement.

➡ Établissez votre crédibilité rapidement et informez-les de vos services ou de ceux de votre entreprise.

➡ Mettez ensuite ces personnes-ressources sur la piste des clients que vous recherchez et demandez-leur de vous recommander ou de vous mettre en contact.

➡ Fréquentez régulièrement les endroits où «grouillent» vos clients potentiels :

- Profitez-en pour aller à la chasse aux renseignements sur leurs intérêts personnels et professionnels, sur les endroits où ils réseautent, sur les publications qu'ils lisent – pour y publier des articles – et sur les groupes d'affinités ou associations qui les influencent – pour vous y joindre et y collaborer selon vos compétences et votre disponibilité.

- Pour être reconnu, soyez visible en vous impliquant. Appliquez les nombreux conseils prodigués dans cet ouvrage jusqu'à maintenant.

➡ Travaillez en équipe si vous êtes consultant, professionnel, travailleur indépendant ou sans réseau. Joignez-vous à des partenaires complémentaires en matière de compétences, prospectant le même créneau de clients ou partageant des besoins et des intérêts communs, et ce, dans le but d'échanger des ressources, des clients, des fournisseurs, de la visibilité et des références.

➡ Cherchez à offrir quelque chose même si vous débutez, êtes sans client et possédez un mince réseau : vous possédez une expertise, des idées, du temps et de l'énergie que vous pouvez mettre au service de personnes de votre entourage, de clients potentiels débordés ou de fournisseurs potentiels qui apprendront à vous connaître et pourront vous recommander.

➡ Offrez gratuitement et sincèrement vos services ou votre appui aux causes que ces gens soutiennent. La majorité des décideurs, des professionnels et des bien nantis siègent aux conseils d'administration ou aux comités d'organismes caritatifs ou communautaires. En apportant votre concours à ces instances, vous avez une chance inouïe de rencontrer des gens, souvent inaccessibles autrement, et l'occasion de démontrer vos compétences, votre générosité et votre professionnalisme.

➡ Évitez de mettre indûment de la pression, d'être *pushy*, comme disent les Américains : ne poussez pas la vente avec le désespoir inscrit dans votre attitude quand vous rencontrez des clients potentiels. On veut faire affaire avec des gens pas nécessairement « riches » mais prospères et en mesure de survivre jusqu'à la prochaine la fin de mois.

Pour recruter de nouveaux clients, il existe six types d'individus (les chevauchements entre types sont très possibles) qui ont tendance à générer plus de relations professionnelles que d'autres. Stratégiquement, vous devriez développer et nourrir une relation avec :

1. *Vos clients satisfaits.* Ce sont vos plus précieuses références. Un client potentiel est plus enclin à faire confiance à ce type de référence, car elle vient de quelqu'un qui apprécie votre travail et est prêt à vous cautionner. N'oubliez pas de tenir vos endosseurs au courant des résultats de leur recommandation et de les remercier.

2. *Les conseillers personnels des clients actuels et potentiels (comptable, avocat, agent immobilier, etc.), les leaders d'opinion des groupes d'affinité et des associations et leurs mentors.* Leur recommandation pèse plus lourd et agit sur un plus grand nombre de personnes à la fois. Votre crédibilité s'établira plus rapidement et le recrutement de clients sera plus facile.

3. *Les catalyseurs.* Les personnes qui mettent les gens en communication et qui favorisent la conclusion de transactions (banquier ou agent financier).

4. *Les collaborateurs professionnels.* Non seulement les partenaires et les fournisseurs variés de vos clients actuels et potentiels peuvent vous renseigner et vous pistonner, mais ils peuvent se transformer en partenaires et fournisseurs au besoin.

5. *Les membres de votre réseau personnel.* Faites l'effort de connaître le travail, les intérêts et les besoins de vos parents, amis, collègues et voisins afin de pouvoir les aider et, quand le besoin se fera sentir, vous pourrez solliciter de l'information et des références.

6. *Les gens qui partagent vos intérêts.* Les gens avec lesquels nous partageons des intérêts et des affinités se lient avec nous plus rapidement et plus intensément et nous comprennent mieux, jusqu'à un certain point. Cette complicité tout à fait honnête génère souvent un échange d'information et de services plus spontané, plus automatique.

Bien qu'il soit primordial de maximiser les retombées de sa clientèle existante, il faut aussi l'agrandir pour assurer la pérennité et la croissance d'une entreprise, peu importe qu'elle se compose d'un propriétaire unique ou de milliers d'employés.

Être un bon réseauteur, fréquenter les endroits où réseautent les personnes influentes et les clients potentiels, et profiter des recommandations de vos contacts, voilà une stratégie gagnante. Ajoutez-y votre expérience de succès : réfléchissez aux stratégies que vous avez utilisées pour dénicher vos clients et les fidéliser. Adaptez-les s'il le faut et répétez-les. C'est gagnant-gagnant !

10

DES RÉSEAUX FORMELS POUR RÉPONDRE À VOS BESOINS

Pour faire progresser votre carrière ou bâtir votre clientèle ou votre réseau de contacts, il est essentiel d'adhérer à des associations d'affaires ou à des groupes de professionnels bien organisés. Vous y gagnez en rapidité et en diversité.

La majorité des gens qui déblatèrent sur les avantages des réseaux qu'ils fréquentent n'ont pas la moindre idée de ce qu'ils vont y faire et qui ils vont y côtoyer. Si vos expériences passées vous ont laissé perplexe quant à l'efficacité du réseautage, c'est peut-être parce que vous avez manqué de patience ou que vous n'avez tout simplement pas choisi les bons réseaux. Le bon réseauteur sait que l'adhésion à un réseau n'est que le premier pas et que son travail ne fait que commencer. Un peu de recherche s'impose.

Choisir ses réseaux de façon stratégique

On ne choisit pas ses regroupements à l'aveuglette. Il faut tenir compte de ses objectifs de réseautage et de ses attentes à titre de membre. Fixez-vous des objectifs professionnels et personnels précis et réalistes. Par exemple :

■ Établir ma visibilité dans la communauté en vue d'augmenter mon employabilité au moment de l'obtention de mon diplôme ou d'une mise à pied.

■ Doubler le nombre de références à convertir en véritables clients potentiels aptes à utiliser mes services.

■ Garder le contact avec mes anciens fournisseurs ou clients en vue d'obtenir des recommandations ou des activités commerciales continues.

■ Explorer, auprès d'entreprises déjà installées dans le parc industriel, la pertinence de les rejoindre.

7 QUESTIONS CLÉS POUR CIBLER VOS ATTENTES

1 Pour quelles raisons je désire me joindre à un réseau d'affaires ? Augmenter le nombre de mes contacts d'affaires, rencontrer de nouveaux fournisseurs, devenir un leader de ce groupe, bénéficier de formation ou pour l'entraide et le bénévolat ?

2 Quels sont les membres qui le fréquentent ? Combien sont-ils ? Des gens d'affaires de toutes les industries ou d'un secteur en particulier, des propriétaires ou des cadres de grandes entreprises ?

3 Quels besoins particuliers les membres peuvent-ils combler ? Quelles sont les personnes d'influence à la tête de l'association ? Sont-elles en mesure de m'informer sur les destinations émergentes à l'exportation, de me présenter des consultants, de me conseiller des ressources humaines spécialisées dans mon domaine ou de me soutenir ?

4 Quelle réputation a le groupe dans l'industrie ou la région ? S'il a la réputation d'un groupe tricoté serré d'entrepreneurs « arrivés » et que, en tant que jeune professionnel, vous recherchez des partenaires en démarrage, il vaut mieux regarder ailleurs.

5 En quoi les activités offertes peuvent-elles m'aider ? Me former, m'informer, me donner des occasions de visibilité ou me permettre de réseauter efficacement ?

6 Que puis-je apporter au groupe ? Mon expertise, mon temps, mes contacts ?

7 Est-ce abordable ? Ce sont les coûts totaux qu'il faut considérer : frais d'adhésion auxquels s'ajoutent les coûts associés aux différentes activités. Les frais d'adhésion sont déjà trop élevés si votre budget vous restreint à quelques apparitions éparpillées.

À quels types de réseaux vous joindre ?

Il existe une multitude de réseaux (groupes, associations et organismes traditionnels ou virtuels) formels ou informels. Peu importe où vous vivez, le secteur dans lequel vous œuvrez ou les intérêts que vous poursuivez, vous pouvez toujours joindre des regroupements où l'échange mutuel sera à l'ordre du jour.

Des réseaux formels et informels

Vous ne pouvez sacrifier les uns au profit des autres puisque les deux s'entrecroisent et s'autoalimentent. Il est fréquent que des réseaux se chevauchent et que des membres appartiennent à plus d'un groupe.

■ *Le réseau formel.* C'est une organisation fonctionnant le plus souvent dans un cadre juridique défini et formée de personnes en relation les unes avec les autres pour un objectif commun : réaliser des activités ou atteindre des résultats partagés par tous les membres de l'organisation. Les regroupements ne manquent pas pour faire du développement d'affaires. Parmi les plus connus, mentionnons les chambres de commerce, les clubs de services, les corporations professionnelles, les associations de diplômés et sectorielles, les clubs de références, les réseaux d'entraide, les organismes caritatifs ou ethniques. Des précisions sur certains d'entre eux suivent plus loin dans ce chapitre.

■ *Le réseau informel.* C'est un réseau basé sur les affinités, les liens communs ou des rapports d'estime mutuelle et, le cas échéant, d'amitié. Ce réseau peut être « mobilisé » pour soutenir une personne, ses idées, ses affaires ou, tout simplement, pour le divertissement ou l'information. Inversement, cette personne doit retourner les « faveurs » aux membres de son réseau. On parle ainsi de « réseau d'alliances » dans le domaine privé, professionnel, sportif ou politique. Le prochain chapitre porte précisément sur ce type de réseau.

Trouvez l'information pour faire les bons choix

Les sources d'information sur les différents groupes ou réseaux sont variées. L'information la plus fiable provient généralement des membres de votre réseau qui font ou ont déjà fait partie des réseaux qui vous intéressent. Sinon, ils peuvent toujours s'informer auprès de leurs contacts.

Faites-vous une idée *de visu* ! Demandez à un de vos contacts de vous inviter à l'une des activités de son groupe. Ou encore, rendez-vous à une rencontre « portes ouvertes » et abordez l'un des responsables en lui disant à quel point vous avez été impressionné par l'organisation de l'événement ou la réputation du groupe. Il y a fort à parier qu'il vous proposera de devenir membre en règle. Ne manquez pas une occasion, par la suite, de dire aux gens que c'est grâce à cette personne que vous vous êtes joint à l'organisation. Cette stratégie servira deux objectifs :

1. Vous aurez brisé la glace avec l'une des personnes clés du groupe.

2. Celle-ci se sentira responsable de votre intégration au sein du groupe et vous fera rencontrer d'autres membres.

Faute d'autres moyens, vous pouvez toujours consulter leur matériel promotionnel ou visiter leur site Internet.

Faites bande à part

Essayez de diversifier votre réseautage en joignant un groupe qui compte peu de représentants de votre profession ou peu de collègues du même échelon hiérarchique. Si vous êtes, par exemple, un professionnel du marketing qui représentez des entreprises de services de santé, vous avez d'emblée tendance à viser l'affinité en adhérant à un groupe de communicateurs spécialisés en santé.

Cependant, votre temps serait probablement mieux investi si vous joigniez une association d'intervenants en soins de santé – comme le conseil d'administration d'un centre d'accueil ou l'association des gestionnaires en milieu hospitalier –, de façon à saisir les tendances du marché ou les courants en matière juridique, législative et politique. Non seulement vous aurez l'occasion d'améliorer vos services en fonction des besoins émergents, mais vous pourrez à court terme faire vos preuves auprès des décideurs membres bien placés pour faire appel à vos services ou vous recommander à leurs collègues.

Si vous prospectez de façon sérieuse, vous vous rendrez vite compte que vous ne pouvez tout attendre d'une seule source. Par ailleurs, le fait d'être membre d'un groupe ne garantit pas que vous augmenterez votre bassin de nouveaux clients. Pourquoi ? Parce que la plupart des gens sont fidèles en affaires et ne changeront de fournisseur de services que s'ils sont insatisfaits ou désirent diversifier leurs sources d'approvisionnement et seulement s'ils ont établi une relation de confiance avec vous. D'où l'importance de circuler dans plusieurs réseaux, de façon régulière et planifiée.

Des réseaux formels pour tous les besoins et tous les goûts

Je vous liste une combinaison de descriptions et de commentaires sur quelques réseaux formels, fort connus ou plus discrets, matures ou jeunots.

Les chambres de commerce

Le but premier des chambres de commerce est d'être un lobby. Avec un peu d'efforts et les structures requises, elles pourraient faciliter encore plus les possibilités de réseautage.

Demandez aux entrepreneurs, aux professionnels et aux travailleurs indépendants où se trouvent les cercles d'influence de leur région, et vous avez de fortes chances qu'ils mentionnent leur chambre de commerce locale. Peu après, toutefois, ils vous feront remarquer que, oui, les personnes qu'on souhaite rencontrer participent effectivement aux différentes activités de la chambre de commerce, mais qu'ils arrivent rarement à leur adresser la parole.

Comme m'en faisait part un chef d'entreprise avec qui je travaillais à l'élaboration d'une stratégie de réseautage pour son service d'état-major, « lorsqu'on se rend à une activité de la chambre de commerce, on ne voit que le dos de ces personnes qui prennent place à une table identifiée au nom de leur société. Tant qu'à manger ensemble, ils feraient mieux de se réunir à la cafétéria de l'immeuble où ils ont leurs bureaux. »

Je suis régulièrement témoin de cette pratique lorsque je suis conférencière au cours de leurs dîners mensuels. Il n'est pas rare de voir tous les gens d'une même entreprise prendre place à la même table. Même s'ils sont venus pour entendre parler de réseautage !

Germain, directeur général d'une chambre de commerce régionale, me faisait part de son inquiétude à propos de la baisse de participation dans la majorité des chambres. Je lui ai répondu, à sa grande stupéfaction, que la majorité d'entre elles n'ont souvent de réseau que la réputation.

Maintenant que le réseautage a obtenu ses lettres de noblesse, ses adeptes exigent que les réseaux qu'ils fréquentent créent un contexte qui favorise l'interaction. Les gens sont à la fois à la recherche d'information, de formation et de contacts. Pour y arriver, ils doivent pouvoir « connecter » avec d'autres personnes. Au moment d'adhérer à la chambre, on leur fait miroiter toutes sortes de possibilités de réseautage, mais on ne leur facilite pas la tâche pour autant. On a beaucoup plus d'occasions d'écouter que de parler.

Je sais par expérience que ce n'est pas aussi facile qu'il n'y paraît. Seules les personnes qui ont été retenues pour travailler dans des comités ont une chance de mieux se connaître en vue de se faire éventuellement reconnaître. Personnellement, j'ai offert en vain mes services dans les chambres de commerce de Québec, puis de Montréal. À l'époque, n'étant pas connue des présidents de comités, mon expertise n'a jamais été mise à profit. Et mon cas n'est pas unique, croyez-moi !

Mis à part le cocktail de bienvenue offert aux nouveaux membres au moment de l'adhésion et la période – encore de cocktail – qui précède le repas-causerie, il faut être drôlement extraverti pour arriver à se faire connaître à la chambre de commerce si on ne fait pas partie de comités.

Des suggestions permettant d'optimiser les occasions de réseautage

On devrait prévoir ou renforcer des mécanismes susceptibles de faciliter les échanges et y intégrer de l'animation. Par exemple :

■ Donner l'occasion et le temps nécessaires aux occupants de la table de se présenter et d'échanger leurs cartes professionnelles, et ce, **avant** même que ne débute le programme du repas.

■ Prévoir une activité régulière où les membres auraient l'occasion d'exprimer leurs besoins ou de faire part de leurs préoccupations.

■ Installer un panneau d'affichage où les membres inscriraient leurs offres et demandes ponctuelles, une sorte de « Coin du réseautage ».

■ Assigner un certain nombre de sièges aux personnes seules qui apprécieraient se joindre à une table d'inconnus.

Je suggère aux firmes qui réservent des tables identifiées à leur nom durant des activités organisées par leur chambre de prévoir quelques places pour y accueillir des membres seuls ou ne faisant pas partie de grandes sociétés. Leur nom pourrait avoir été fourni par les organisateurs de l'événement, ou simplement tiré au sort parmi ceux qui ne sont pas du cercle. Il me semble que les deux y trouveraient leur compte. Les « solitaires » pourraient peut-être y trouver de nouveaux clients ou encore être fiers de dire, par la suite, qu'ils ont mangé à « telle » table.

Les jeunes chambres de commerce

J'ai vérifié auprès de Solange Blanchard, directrice générale de la Jeune chambre de commerce de Montréal (JCCM), ce qui distingue la Jeune chambre de la « régulière ». En fait, hormis le concours Arista pour la relève, la différence semble tenir dans l'organisation des activités qui visent la clientèle des 18 à 40 ans à Montréal et des 18 à 35 ans ailleurs. Mme Blanchard semble très fière de leur programme de mentorat, initiative qu'on retrouve aussi dans d'autres jeunes chambres.

Les clubs de références

De plus en plus de gens d'affaires préfèrent aux chambres de commerce les réseaux structurés que sont les clubs de références, comme le Business Network International (BNI), le Club des Initiés ou le Montreal Executive Association, connu maintenant sous le nom d'Exec-U-Net Canada.

Voici les cinq principes de base des clubs de références :

1. Chaque section compte un seul représentant de chaque type d'entreprise ou de profession. Ainsi, nul ne s'y fait concurrence. Tant pis si vous ne faites pas confiance à l'un d'entre eux, c'est celui que vous devez recommander !

2. Les membres se rencontrent régulièrement. Il est préférable de connaître sa disponibilité avant de s'y engager.

3. Les membres s'engagent à prendre périodiquement un repas avec un membre différent ou à effectuer une visite de son entreprise, afin de mieux le connaître. Excellente idée !

4. À chaque rencontre, les membres se présentent, font la promotion de leurs produits ou services et s'échangent des recommandations et des services.

5. À la réunion suivante, les membres rendent compte des résultats obtenus à la suite des actions entreprises auprès des personnes recommandées.

Ce type de réseau a, à mon avis, une utilité d'au maximum deux ans. Le temps d'avoir « connecté » vos collègues membres avec tous les gens que vous fréquentez plus ou moins régulièrement. Le fait de se sentir obligé de recommander un membre du club alors qu'un autre de vos contacts aurait pu faire un meilleur travail, et peut-être même à moindre coût, ne me plaît pas tellement. Il me semble rendre un mauvais service au membre à qui je le réfère.

Personnellement, je crois que le réseautage doit être fait sur une base volontaire et sans contrainte. De plus, quand il est question de marketing de bouche à oreille, je dois avoir une confiance inébranlable en la personne qui me recommande quelqu'un **avant** de faire affaire avec la personne recommandée. Alors comment suis-je en mesure de fournir des recommandations lors de la première ou de la deuxième rencontre ?

De son côté, Ivan R. Misner, auteur de *The World's Best Known Marketing Secret* et fondateur de BNI, affirme que le marketing de bouche à oreille s'apparente plus à la culture (*farming*) qu'à la chasse (*hunting*). D'après lui, on doit s'appliquer à cultiver des relations qui nous assureront références et répétitions de commandes plutôt que de continuellement être à la chasse aux nouveaux contacts.

Il va sans dire que les éléments clés pour vous distinguer de vos concurrents sont d'abord de bâtir et de maintenir votre réputation de fournisseur qui effectue un travail de qualité et votre réputation de personne intègre, qui deviendront éventuellement l'essence de ce qu'on dira de vous.

Le Réseau des femmes d'affaires du Québec

En adhérant au Réseau des femmes d'affaires du Québec (RFAQ), les femmes se dotent d'un outil d'une valeur exceptionnelle. Ce **réseau privé** regroupe des milliers de membres issus de tous les secteurs socio-économiques : entrepreneures, professionnelles, gestionnaires, travailleuses indépendantes, etc., de tous âges et de toutes nationalités. Ces femmes croient en l'importance de tisser des relations solides et de s'entraider pour assurer le succès de leur vie professionnelle.

Le RFAQ accumule et met à profit, depuis sa fondation en 1981, la sagesse et l'expérience de femmes d'affaires de divers horizons. Sa réputation et son rayonnement croissent inlassablement, tant sur le plan national que sur le plan international.

Sa raison d'être

La raison d'être du RFAQ est de contribuer activement au développement économique et à l'épanouissement personnel et professionnel de ses membres en mettant en évidence leurs compétences, leur créativité et leur engagement.

Le RFAQ offre à ses membres des programmes de services et d'activités *innovateurs* et de *qualité supérieure* afin de créer une dynamique d'affaires capable d'influencer les milieux économique, social et politique. Les valeurs d'intégrité et de loyauté, de respect, de diversité et de prospérité y sont prônées.

Son unicité

Le RFAQ a ceci d'unique qu'il est, depuis sa fondation, un réseau privé regroupant des femmes et répondant tant à leurs besoins professionnels que personnels. Il intègre harmonieusement les affaires et l'entraide dans un esprit de confiance et de respect mutuel. Cette dualité et ces valeurs sont hautement prisées par les femmes d'affaires en général, selon les recherches menées par le RFAQ et d'autres institutions.

Un réseau d'influence

L'influence du RFAQ s'appuie sur sa maturité, sa diversité professionnelle et géographique, l'expérience et le rayonnement de sa présidente et de ses membres. En ce sens, il est de plus en plus consulté par les instances gouvernementales, les groupes d'intérêts, les groupes financiers et les médias. Les enjeux suivants, entre autres, représentent un potentiel de prise de position :

■ La conciliation travail-famille

■ La réglementation touchant le travail en général

■ La précarité des conditions des travailleuses indépendantes

■ Le filet social touchant les entrepreneures

Pour en savoir plus sur le RFAQ, visitez le www.rfaq.ca

Les cellules d'entraide

J'étais à l'emploi du Réseau des femmes d'affaires du Québec depuis quelques années lorsque j'ai mis sur pied la première cellule d'entraide. Les cellules demeurent, depuis leur fondation en 1988, le service aux membres le plus apprécié.

La cellule d'entraide, miniréseau de soutien tant professionnel que personnel, est née du besoin maintes fois exprimé par des femmes d'affaires de développer des liens durables entre elles, grâce à des rencontres informelles et privées, dans un contexte qui favorise les échanges fructueux, dans un esprit de partage d'expériences professionnelles et d'expertises.

Les 4 objectifs principaux des cellules

1. Favoriser les relations d'affaires entre les membres et partager les stratégies gagnantes.

2. Rapprocher les membres en les intégrant dans des microréseaux.

3. Stimuler entre les membres une solidarité plus tangible et des liens durables.

4. Constituer un réseau privilégié de consultation ponctuelle au service du RFAQ pour étudier ou valider différents projets et initiatives.

Les 5 principes de base des cellules d'entraide du RFAQ

1. Chaque cellule se compose, autant que possible, d'un ratio équilibré de 12 à 15 membres en règle du RFAQ : entrepreneures, professionnelles et employées d'entreprises dont elles ne sont pas propriétaires.

2. Les membres se rencontrent mensuellement, à jour fixe, après le travail. Le lieu de rencontre doit préserver la confidentialité des échanges.

3. Aucun compte rendu des échanges n'est fait.

4. Tout membre qui ne se présente pas à trois réunions au cours d'une saison cesse d'appartenir à la cellule.

5. Chaque cellule élit parmi ses membres un « leader » qui, en retour de son implication, reçoit du RFAQ une formation en leadership.

Une fois par an, les membres de la cellule se retirent dans un lieu tranquille pour une retraite de 24 heures. Elles font le point sur l'année qui se termine, déterminent le calendrier des activités de la prochaine saison et élisent un nouveau leader.

Même si j'ai beaucoup moins de temps à consacrer aux activités du RFAQ, je fais des prouesses pour ne pas manquer les réunions mensuelles de ma cellule d'entraide. Au fil des ans, quelques membres sont arrivés à l'âge de la retraite. Pour ne pas avoir à quitter les consœurs avec lesquelles elles ont tissé des liens d'amitié solides, elles servent de mentors à de jeunes entrepreneures.

Le Groupement des chefs d'entreprises du Québec

Bien que le Groupement des chefs d'entreprises du Québec (GCEQ) existe depuis plus de 30 ans, il demeure peu connu parce que la discrétion est une condition sine qua non d'adhésion. Il regroupe plus de 1 000 membres dans 120 clubs, répartis dans tout le Québec.

Le membre doit répondre aux 3 critères suivants :

1. Être chef d'entreprise, actionnaire et président, et actif dans l'exploitation.

2. Son entreprise œuvre dans la fabrication ou la distribution et emploie du personnel.

3. Aucun nouveau membre ne doit être concurrent ou fournisseur d'un autre membre du même club.

Outre les rassemblements et les échanges qui sont la première raison d'être du GCEQ, l'organisme offre à ses membres deux instruments d'analyse qu'ils peuvent utiliser à loisir au sein de leur entreprise.

1. *PDG leadership.* Ce questionnaire exhaustif rempli par les employés vise à mesurer la performance des chefs eux-mêmes ou des principaux gestionnaires. Un groupe d'experts évalue l'ensemble des questionnaires et ses résultats, permettant ainsi aux entrepreneurs d'apporter des correctifs s'il y a lieu.

2. *PDG manufacturier.* Instrument d'étalonnage, il permet au participant de comparer la performance des diverses fonctions de son entreprise (finances, productivité, etc.) à celle des autres participants. L'étude des états financiers est faite en collaboration avec l'Université du Québec à Trois-Rivières (Institut de recherche sur les PME). Environ 500 entreprises y participent chaque année, si bien que la banque de données d'étalonnage (*benchmarking*) s'enrichit rapidement avec le temps.

Enfin, signalons que le GCEQ offre d'autres types de services directs à ses membres, notamment des services-conseils en matière d'assurances et des services d'aide aux transferts technologiques.

La cellule de base du GCEQ est l'association locale. Elle compte une dizaine de membres se réunissant mensuellement et, généralement, dans les bureaux respectifs de chacun. Bien des clubs font ces réunions dans les usines mêmes des membres. « Ça donne l'occasion de faire visiter son usine, de décrire son fonctionnement, ses projets, ses difficultés et autres », d'expliquer un des membres.

Lorsque les conseils des pairs autour de la table du club local sont insuffisants, on fait alors appel à l'ensemble des membres, ou à des consultants experts, grâce à un système de réseautage électronique éprouvé et efficace. Tous les membres peuvent alors commenter la question et chacun en tire profit. En d'autres mots, un membre envoie la question par courriel et tout le monde reçoit les réponses des autres.

Contrairement aux autres associations de gens d'affaires, le GCEQ ne fait pas de lobby auprès des pouvoirs publics. Sa mission est : « Faire vivre l'esprit d'entraide dans nos rassemblements en réseaux par l'échange d'expériences entre chefs d'entreprise et auprès des aspirants-chefs pour faire progresser et réussir l'entreprise. »

« Nous ne sommes pas là pour pelleter des nuages, affirme Hélène Bergeron, directrice du développement des affaires et du rayonnement du Groupement. Les échanges entre nos membres sont bien terre à terre. Ils abordent des questions concrètes et s'échinent à trouver de vraies solutions. » Info : www.groupement.ca.

Les associations de diplômés

Les associations de diplômés s'emploient à maintenir le lien précieux entre les anciens étudiants, même ceux qui travaillent ou vivent dans d'autres pays, à contribuer au développement professionnel et à l'actualisation des connaissances de leurs membres, à reconnaître leur performance, leur rayonnement et leur implication, et à entretenir leur fierté d'appartenance à leur *alma mater*.

Avoir bénéficié d'une formation supérieure au sein d'un établissement d'enseignement de qualité et se refuser le bénéfice du réseautage qu'offre une association d'anciens m'apparaît comme une négligence grave. S'engager dans la vie professionnelle en coupant les contacts avec ses confrères de classe est une véritable erreur. Si vous l'avez commise, empressez-vous de joindre les rangs de l'association des anciens étudiants qui les regroupe ; mieux vaut tard que jamais. Et ne craignez pas pour votre budget, les cotisations y sont généralement plus que raisonnables.

Ce réseau facilite les contacts entre collègues d'entreprises et de secteurs différents, ouvre des fenêtres sur des occasions d'affaires, ici et ailleurs, canalise les échanges d'information et peut s'avérer inestimable le jour où vous vous chercherez un emploi ou souhaiterez réorienter votre carrière.

Les membres peuvent généralement se prévaloir des avantages suivants :

• Formation à jour et de pointe

• Soutien à la recherche d'emploi

• Activités d'échange d'information entre diplômés, professeurs et gens d'influence

• Publications traditionnelles et virtuelles véhiculant information, promotion des membres et du corps professoral, activités, remises de bourses et autres

• Privilèges (assurances de groupe, taux réduits sur produits et services, accès à la bibliothèque, etc.)

• Activités enrichissantes de réseautage, du soutien à la relève et des prix d'excellence

Les associations professionnelles

Indépendamment de votre secteur d'activité, que vous soyez entrepreneur, travailleur indépendant, professionnel ou gestionnaire, il existe une association professionnelle – dans certains cas plusieurs – apte à combler vos besoins particuliers de réseautage.

Je vous invite à questionner les membres, anciens ou actuels, sur les valeurs, la réputation, le dynamisme, les personnes clés et la qualité des activités de chacune d'elles avant d'y adhérer. En visitant leur site Web, vous connaîtrez leur mission, les intérêts qu'elles défendent ou dont elles font la promotion, l'horaire et le lieu des activités ainsi que le type de membres qu'elles regroupent. Généralement, vous devriez y retrouver :

• de la formation continue ;

• de l'aide à la recherche d'emploi ;

• un endroit et des occasions pour discuter avec vos pairs ;

• des occasions de développer vos habiletés de leadership ;

• de la visibilité dans le milieu ;

• et, de plus en plus, des privilèges (assurances de groupe, rabais sur achats variés, etc.), des activités de réseautage et des concours de performance.

Les organisations sectorielles ou industrielles

Les organisations sectorielles ou industrielles favorisent les rencontres structurées entre gens du même secteur ou de la même industrie, qu'ils soient concurrents ou partenaires actuels ou potentiels. Les enjeux, les menaces ou les problèmes similaires – mondialisation, exportation des emplois, législation en développement durable – sont un terreau fertile pour la création d'alliances et l'échange d'information vitale pour l'ensemble des membres.

Vous pourriez participer à des groupes de discussion ou à des comités de travail susceptibles de vous fournir une tribune pour faire valoir vos idées ou votre expertise et de vous rendre crédible et visible dans le milieu comme dans votre entreprise. Qui sait, vous pourriez même vous retrouver dans les médias comme porte-parole de l'organisation ou expert à titre personnel ?

Sans oublier que les occasions de mobilité intrasectorielle augmentent avec la crédibilité, le rayonnement et la diversité des contacts.

Les organismes caritatifs ou sociaux

Les organismes caritatifs ou sociaux ne visent absolument pas à promouvoir des intérêts d'affaires ou commerciaux. Par contre, ces groupes structurés et formels fourmillent d'occasions de réseautage personnel et professionnel.

S'engager sincèrement comme bénévole et mettre au service d'une « bonne œuvre » ses talents, son expertise et ses ressources à titre de contribution à la communauté est louable et, dans bien des cas, peut s'avérer une formule rentable de réseautage. On a l'occasion d'y rencontrer des personnes généreuses et d'y créer des relations durables, plus que dans n'importe quel autre type de réseau. Toutefois, attention : vous serez évalué comme si vous étiez payé. Veillez à n'accepter que des responsabilités ou des tâches qui s'insèrent dans vos capacités et le temps dont vous disposez.

Il importe également de vérifier combien il vous en coûtera personnellement pour assister aux activités : soirées-bénéfice, congrès à l'extérieur de la région, rencontres au restaurant, etc. Dans certains cas, il vous faudra mettre votre personnel et votre équipement de bureau à contribution (téléphone, photocopieur, ordinateur). Il vaut mieux prévenir que guérir.

Les nouveaux venus

Simple d'utilisation et offrant des possibilités inouïes, le réseau Internet couvre maintenant la planète. Des esprits futés et créatifs ont trouvé là de belles façons de relier les gens, une multitude de gens, simultanément. Certains sites récents, dans la lignée du réseautage responsable, sont issus d'une volonté réelle d'entraide et de partage d'information, alors que d'autres tablent plus sur un potentiel mercantile à plus ou moins long terme. Je vous en présente quelques exemples.

Rezonance.ch, un réseau de personnes, de connaissances et d'affaires

Je suis très impressionnée par ce réseau d'affaires dont la fondatrice et l'âme dirigeante est Geneviève Morand. J'ai fait cette heureuse découverte au cours de mon premier voyage en Suisse romande en 2003.

Grâce au soutien de commanditaires du calibre de la banque UBS, Ernst & Young, CSS Assurances et Swisscom, les quelque 10 000 personnes qui se sont inscrites en ligne sur www.rezonance.ch bénéficient gratuitement d'activités combinant formation et réseautage, et ce, dans tous les cantons de la Suisse romande.

Les 30 événements annuels, dont l'entrée est libre et gratuite, se tiennent sous la bannière des First Tuesday, un réseau international dont Rezonance est membre. En outre, le format est constant depuis leur création par Geneviève en 1998. Les thèmes abordés, dans une approche transdisciplinaire et collée à l'actualité, sont regroupés en quatre séries : High-tech (Telecom, Internet), Bio-Tech (sciences de la vie), Market (marketing, ressources humaines, gestion, etc.) et For Good (saine gouvernance, responsabilité d'entreprises, gestion des ONG, etc.).

Voici quel en est le concept. La diffusion de la programmation se fait sur le site de Rezonance. Une invitation est envoyée par courriel quelques semaines avant chaque événement. Les réservations sont obligatoires et faites uniquement en ligne. L'événement se tient dans des auditoriums d'universités ou de grandes entreprises. Selon le thème abordé, on y accueille de 200 à 400 participants.

D'entrée de jeu, Geneviève établit le thème et présente le panel formé des quatre spécialistes qui ont été invités à faire une présentation de 15 à 20 minutes chacun, dans la langue de leur choix. À l'occasion, on invite des entrepreneurs à témoigner de leur expérience. Suit une période de questions, clôturant cette première partie qui dure deux heures. Les participants sont ensuite invités à se déplacer vers une autre salle pour la « verrée ». C'est la portion réseautage (environ deux heures également) où sont servis – selon la générosité du commanditaire de l'événement – vin, café, bouchées, etc.

Dans un coin de la salle est installé un grand panneau d'affichage identifié « Coin du réseautage ». Les participants ont à leur disposition des feuilles de couleur portant leur numéro, sur lesquelles ils indiquent leurs offres et leurs besoins, et qu'ils fixent sur le panneau. Suit une « chasse à l'homme », qui favorise le réseautage. Les personnes qui souhaitent poursuivre les échanges avec les invités peuvent, moyennant une participation financière au repas, les accompagner au restaurant.

Le réseautage n'est pas limité à ces 30 événements annuels. Il peut se poursuivre en ligne 365 jours par année ! Toute personne peut ouvrir sa page personnelle, et toute entreprise sa page professionnelle. Le tout gratuitement. En tout temps, vous pouvez consulter les personnes inscrites aux événements et communiquer avec elles pour fixer un rendez-vous avant ou après l'événement, ou pour commencer un échange de courriels.

Ce réseau connaît un taux de pénétration de plus de 21 % auprès des dirigeants et cadres supérieurs de la Suisse. En Suisse, c'est le seul réseau « ouvert » qui réunit tant des individus que des entreprises, des ONG et des administrations publiques. Il est devenu incontournable. D'aucuns disent que l'Université libre de Suisse romande existe : c'est Rezonance !

J'a-d-o-r-e cette formule ! Geneviève en a fait la base de son entreprise, des événements et un portail Internet pour gens d'affaires.

Les forums de discussion

La prolifération des communications et des services dans le réseau Internet découle de l'adoption sociale relativement récente du courriel pour bâtir des communautés sur Usenet (groupes de nouvelles), les babillards électroniques et les forums de discussion.

Service offert par un serveur d'information ou un babillard électronique, le forum permet aux habitants de la planète d'échanger les uns avec les autres selon des formules variées. S'il est une seule règle que les réseauteurs doivent suivre, c'est le respect des autres, qui sont souvent de parfaits inconnus.

Le forum demeure un outil d'échange accessible et d'une utilité certaine, mais il est au service du réseautage. Ça ne se veut pas, au départ, du réseautage relationnel basé sur la confiance et la réciprocité. Que vous soyez des professionnels ou des amateurs en quête d'information diversifiée et rapide sur un sujet particulier, dans un contexte de travail, ou des partenaires de discussion dans un contexte de loisir, vous trouverez certainement chaussure à votre pied.

Il est fort possible que, au fil du temps et des interactions répétées, des liens virtuels s'établissent entre deux personnes ou un groupe de personnes partageant des intérêts communs ou œuvrant dans le même secteur. Par contre, le doute sur l'identité réelle des personnes subsiste. Sont-elles vraiment ce qu'elles prétendent être ? Comment le vérifier avec assurance… si ce n'est en les rencontrant ?

Allez-y, utilisez le forum pour ce qu'il vaut et… mettez régulièrement votre grain de sel dans le mien (www.lisecardinal.com).

Le réseautage social ou groupes d'affinités virtuels
(social networking)

Vous cherchez un job ou un fournisseur, à rencontrer l'âme sœur ou simplement l'ancien colocataire d'un confrère de classe ? Les services de réseautage ne demandent pas mieux que de venir à la rescousse. Ils vous permettront de franchir le pont des trois ou quatre degrés qui vous séparent de la personne que vous désirez ardemment rencontrer ou revoir.

Cette nouvelle vague de communautés virtuelles prend de l'ampleur, mais son objectif ne date pas d'aujourd'hui. Depuis le début du boom Internet, des entreprises ou des opérateurs envisageaient de monétiser leur réseau social en exigeant des frais aux membres pour pouvoir les présenter à des inconnus.

Le fonctionnement est simple : Yahoo !, Friendster, Tribe, LinkedIn, Ryze, eHarmony, Orkut et quelques douzaines d'autres recrutent des membres qui, en retour, recrutent d'autres membres dans leur entourage ou n'importe qui voulant absolument être présenté à une personne importante pour elle. La magie du bouche à oreille fait des merveilles et réduit substantiellement les coûts publicitaires et promotionnels des entreprises de services.

Bien sûr, des gens peuvent être enclins à débourser un certain montant pour obtenir un lien privilégié avec un recruteur ou l'assurance d'un rendez-vous galant, et c'est leur choix. D'ailleurs, pourquoi paieraient-ils les réseaux alors que ce sont les membres qui fournissent les références ou les contacts ? Vous désirez rencontrer Roxane Duhamel. C'est mon amie et, si je lui demande de vous rencontrer, je suis persuadée qu'elle acceptera. Il me semble que le réseau de service devrait me payer une ristourne pour avoir fait marcher le système !

De toute évidence, Internet fait partie de la vie professionnelle et personnelle de millions de personnes, sur une base souvent quotidienne, et est devenu un outil de communication diversifié et performant. Alors, ce réseautage social s'avère valable s'il répond à vos besoins. Mais en aucun cas se compare-t-il au réseautage relationnel associé à la gratuité des échanges d'information et de services, à l'établissement de liens durables basés sur la connaissance et la confiance mutuelles, et à la chaleur des rencontres personnelles.

Les réseaux à paliers (*multi-level marketing*)

Le réseau à paliers ou le réseautage à paliers est un système par lequel la compagnie maître fait distribuer ses services ou ses produits par des vendeurs indépendants qui, à leur tour, commanditent d'autres personnes qui les aident à distribuer ces mêmes services et produits. Le processus se répète d'un palier à un autre tant que des vendeurs sont recrutés. La rétribution des vendeurs est basée sur un mode de commissions et varie selon la position occupée par celui-ci dans la pyramide.

D'origine américaine, l'approche est désormais répandue partout dans le monde. Bien que certains représentants de ces réseaux s'acquittent élégamment de leurs responsabilités lorsqu'ils évoluent dans un réseau formel comme les chambres de commerce et les clubs de références, plusieurs adoptent une conduite qui porte ombrage aux adeptes du réseautage responsable et durable. Ils en viennent même à donner une mauvaise réputation au réseautage relationnel qui est ma marque de commerce.

Souvent en quête de résultats rapides, ces personnes, à qui on a fait miroiter, entre autres, la liberté financière et les possibilités inégalées de s'enrichir rapidement tout en conservant leur emploi actuel, utilisent la vente sous pression pour atteindre leurs objectifs. Elles négligent la promotion de leurs produits au profit de la possibilité de recruter de nouveaux membres et tournent vite le dos aux gens qui, visiblement, ne désirent pas les rejoindre dans ce type d'affaires.

Or, tout comme le réseautage américain, qui est généralement trop « appuyé » pour la majorité des Québécois et des Européens, le marketing de réseaux subit ce type d'influence. S'il vaut mieux acheter l'individu avant son service, la plupart des adeptes de réseaux à paliers sont trop pressés d'arriver à leurs fins pour créer de véritables liens, encore moins pour les entretenir. Je dois ajouter que, souvent, ils n'ont jamais appris à le faire. Mais voilà, le réseautage efficace se conjugue à moyen et à long terme. Viser le court terme conduit trop souvent à manipuler et à exploiter les autres.

Bien que les produits et les services offerts par les entreprises-réseaux soient souvent de grande qualité, rarement, dans les ouvrages qui traitent du sujet, lit-on sur le degré de professionnalisme des personnes à recruter, la connaissance et la promotion des produits, et encore moins sur la nécessité d'un service après-vente de qualité. En fin de compte, ce n'est pas grave si le produit ne remplit pas ses promesses, il est sous garantie. Au client de se débrouiller, maintenant. Il veut se plaindre ? On l'invite à le faire par Internet ou par l'entremise d'une ligne 1 800. Il n'y a pas de temps à perdre, ici on travaille à ajouter des paliers, on ne vend pas de la marchandise.

J'ai régulièrement l'occasion d'accueillir des adeptes de réseaux à paliers dans mes ateliers. Au moment des présentations entre participants, j'ai toujours un mal fou à leur faire exprimer clairement ce qu'ils offrent et qui sont leurs clients. Je les ai surnommés mes « pelleteux de nuages ».

Lorsque j'étais vice-présidente du Réseau des femmes d'affaires du Québec, nous accueillions régulièrement de nouvelles adeptes du réseautage à paliers. Le nombre et la diversité de nos membres semblaient les attirer comme un aimant. Elles arrivaient par vagues, selon la « saveur du mois » : Amway, Nuskin, Mary Kay, Excel, etc. Le scénario était toujours le même, peu importe le produit représenté : si, à la fin de l'activité à laquelle elles participaient, elles n'avaient pas convaincu au moins une personne de venir chez elles ou à tout le moins d'assister à une rencontre d'information quelque part, elles repartaient déçues, persuadées que le réseautage n'était pas aussi efficace que d'aucuns le prétendaient.

Je ne compte plus le nombre de personnes que j'ai déçues en refusant de me rendre à ce type de rencontres. Je semblais être une belle prise pour ces gens. Je me suis même fait quelques ennemis en chemin. Jamais je n'ai eu l'impression que ces personnes proposaient un «échange», souhaitaient établir une relation de réciprocité. Il n'y avait même pas moyen de parler d'autre chose lorsqu'on se rencontrait.

Y avait-il un voyage à faire gagner à ces réseauteurs à paliers? La chasse aux clients potentiels était alors ouverte. Ils n'étaient venus à nos réunions que pour «prendre». Pas surprenant, dès lors, qu'on finisse par fuir ces individus comme la peste, et ce, en dépit du fait que plusieurs offrent des produits de grande qualité.

Dans ce domaine comme dans d'autres, il faut semer avant de penser à récolter. Rien n'est gratuit en ce bas monde : tout se paie, tout se gagne. Pour ma part, j'utilise régulièrement des produits Amway et Shaklee, mais j'ai d'abord «acheté» une représentante plus désireuse de m'aider que de se constituer une équipe rapide. Elle n'a pas tenté de me faire miroiter tous les bénéfices que je pouvais tirer en exploitant le réseau qu'elle me savait déjà avoir. Et tant mieux si j'ai contribué à lui faire gagner un voyage!

Je n'ai rien contre ce type d'entreprises *a priori*. J'ai toutefois plein de réticences à l'égard de leur approche marketing. Je n'aime pas qu'on m'utilise contre mon gré, qu'on m'invite sous de fausses représentations. J'ai horreur qu'on s'attende à ce que je fournisse le nom d'amis ou simplement de connaissances qu'on s'empressera de talonner pour qu'ils participent à une réunion d'information.

LES RÉSEAUX INFORMELS, MÊME DANS DES CONTEXTES FORMELS

Même s'ils n'ont pas pignon sur rue et qu'ils sont plus flous ou spontanés que leurs opposés plus structurés, les réseaux informels sont des groupes puissants capables de concourir à combler vos besoins et à vous rendre la vie plus agréable.

Parce que nos objectifs et nos contextes de vie varient, il faut parfois se tailler des réseaux sur mesure aptes à contribuer à l'atteinte de nos objectifs professionnels ou personnels, ou simplement pour se faire plaisir. Ou encore se connecter aux regroupements développés par des gens qui nous accueillent chaleureusement.

Réseauter au travail

Vous ne devez pas sous-estimer le réseau informel présent dans toute organisation, peu importe sa taille et son type. Il vous faut non seulement le comprendre ; vous devez y participer. Pourquoi le réseautage au travail est-il vital ? Parce que les hiérarchies traditionnelles, les modes de gestion et les cheminements de carrière deviennent rapidement obsolètes. La responsabilité vous incombe de bâtir votre propre réseau en vous fiant à vos habiletés et de prendre en main la gestion de votre carrière dans la perspective de MOI inc.

Lorsque vous aspirez à une promotion ou à un transfert de secteur parce que vous souhaitez augmenter votre savoir-faire, investissez les heures que vous mettriez à travailler plus fort ou plus longtemps pour réseauter à l'interne. Efforcez-vous de connaître les enjeux de votre patron et les besoins de vos collègues, de contribuer sincèrement à les satisfaire, et vous trouverez des appuis pour réaliser vos propres aspirations.

Claude, directeur de crédit, a perdu son poste à la suite de la fermeture de sa succursale bancaire. Huit mois plus tard, on s'étonne autour de lui qu'il n'ait toujours pas trouvé de travail, malgré une éloquente feuille de route et des qualités de gestionnaire reconnues. Malheureusement, comme beaucoup de salariés, Claude n'a jamais pris la peine de se créer un réseau interne et n'a pas vu venir le coup.

Combien font la même erreur, sous prétexte qu'ils sont au service d'une entreprise, qu'ils sont « à l'abri » ? Pourtant, ces personnes nagent au milieu d'un bassin de contacts précieux : leurs collègues. Si elles ont négligé d'établir des relations amicales avec leurs pairs, ces derniers ne songeront fort probablement pas à les référer à leurs contacts et les auront oubliées après quelques semaines.

Les habiletés politiques, ces incomprises

Dans le cadre de leur travail, pour convaincre de la valeur d'une solution ou faire avancer un dossier, les gens doivent exercer leurs habiletés politiques. Mal connues, elles ont souvent mauvaise réputation et suscitent de la résistance au sein des entreprises et des institutions.

Les employés de tous les échelons les qualifient fort négativement de piston, tétage, magouille, manipulation, jeu politique et j'en passe. Pourtant, selon les experts, ces habiletés sont relationnelles – fortement associées au réseautage –, comme convaincre, regrouper des alliés, satisfaire les besoins de l'organisation et ceux des autres, et tirer des leçons de ses erreurs. En résumé, c'est l'utilisation de moyens tout à fait équitables et de gestes tangibles pour influencer les événements et les gens, persuader de la valeur de ses idées et réussir à atteindre ses objectifs tout en respectant les autres.

Gagner l'appui de son patron et solliciter son avis pour débattre d'un projet au comité de direction, créer des liens avec le personnel administratif pour se faire dépanner quand le disque dur de son ordinateur rend l'âme et remercier les gens qui nous aident, accompagner son équipe dans les changements organisationnels et faire preuve d'écoute active, être sincère sur ses ambitions, ou user de diplomatie dans les conflits interpersonnels sont des actions concrètes qui n'ont rien de la manipulation, de l'usurpation de pouvoir ou de la flatterie.

Le consultant américain John Eldred enseigne à l'université de Pennsylvanie l'art de maîtriser le pouvoir et la politique au sein des entreprises. Au début de chaque session, il demande aux étudiants de diviser une feuille en deux colonnes coiffées des titres suivants : De quoi ai-je besoin ? et Comment puis-je aider les autres ?

Les listes complétées sont affichées afin que chacun puisse en prendre connaissance, dans le but évident de favoriser l'entraide. Si vous faites le même exercice au travail, vous apprendrez probablement trois choses :

1. Vous ne connaissez pas vraiment les gens avec qui vous travaillez.

2. Tout le monde a quelque chose à offrir.

3. Tous, même le patron, ont besoin d'aide.

À défaut d'afficher la liste de ses besoins et de ses compétences sur le babillard de la cafétéria, on arrivera sensiblement au même résultat en prenant le temps de discuter de façon informelle avec ses collègues de travail. Nous avons tendance à sous-estimer le fait que la conversation crée des liens et favorise l'échange d'idées et d'information. Or, ces deux éléments sont indispensables pour consolider une équipe et inciter les employés à rester au sein de l'entreprise.

Impossible de progresser sans réseauter

Réseauter est essentiel à tous les échelons hiérarchiques. Qui plus est, pour réussir, il importe de bénéficier d'alliés à tous les niveaux hiérarchiques et dans plusieurs services.

Est-ce que vous vous inquiétez à savoir si le réseautage est professionnel? Est-ce que vous croyez que ça n'est utile qu'à ceux qui sont dans la vente? Est-ce que vous vous dites que les réseauteurs sont des gens égoïstes qui ne pensent qu'à exploiter les autres en vue de réaliser leurs propres objectifs? J'ai bien l'intention de vous faire changer d'idée.

Faites jouer les interactions en votre faveur

L'avènement des nouvelles technologies de l'information a accentué le nombre des interactions auxquelles sont soumis les gens d'affaires. On estime qu'un travailleur typique vit quotidiennement plusieurs centaines d'interactions, comme des appels téléphoniques, des conversations de corridors, des courriels, etc. Si vous savez quoi dire et quoi faire parce que vous êtes bien informé ou savez où trouver l'information, vous gagnez du temps et êtes en mesure d'utiliser ces interactions à votre avantage : obtenir l'admiration de vos supérieurs, donner un coup de pouce à vos dossiers et à votre carrière.

Assurez-vous que les influenceurs savent que vous êtes compétent

Les employés compétents tiennent pour acquis que tout le monde le sait. C'est une erreur monumentale. Il vous incombe de faire connaître vos compétences et vos réalisations de façon factuelle et honnête aux personnes d'influence, aux décideurs. Sachez évaluer le poids des gens dans l'organisation et créez des liens avec ceux qui détiennent les leviers de commande.

Soyez « connecté » sur le futur

Les choses et les gens bougent rapidement. Utilisez votre réseau pour être au courant de ce qui se passe dans votre milieu et dans l'industrie en général, sur qui fait quoi et où. On rapporte qu'en 1999, chez Corning Inc., 78 % des ventes provenaient de produits âgés de moins de quatre ans. Mettez-vous à la place des employés qui vivent la difficulté de se garder à jour en regard des produits fabriqués par leur compagnie, de commencer à se familiariser avec les nouveaux et d'être au courant des menaces de la concurrence. En ayant un accès direct à des contacts branchés, vous saurez ce qui se dessine à l'horizon et vous vous positionnerez parmi les meneurs.

Participez au succès de l'organisation

Comprenez bien que votre emploi dépend du succès de l'organisation. Faites la promotion des produits et services de votre organisation – même si vous ne travaillez pas au service des ventes. Ce peut être une question de survie.

À un cocktail de son association professionnelle, Sophie demande à Geneviève, vice-présidente aux finances : « Qu'est-ce que tu fais exactement au développement des affaires de l'association ? » Geneviève lui explique alors qu'elle a passé une partie de sa journée à vouloir faire un coup promotionnel en tentant d'obtenir de son fournisseur d'interurbains un numéro 1 800 qui se terminerait par les initiales de l'association.

Sophie, directrice des relations publiques d'une autre compagnie d'interurbains, lui offre de tenter de satisfaire son besoin. De retour au bureau, elle remet les coordonnées de Geneviève à son représentant commercial. Ce dernier appelle sa collègue Sophie quelques jours plus tard pour lui annoncer qu'il a obtenu pour son contact le numéro 1 800 qu'elle désirait tant et qu'elle était dorénavant cliente de leur compagnie.

Ne comptez pas sur votre employeur, mais servez-vous-en

Peu importe la raison, l'éclatement de la bulle technologique, la mondialisation ou la vétusté de leur équipement, de plus en plus d'entreprises et d'institutions font des mises à pied massives tant au siège social qu'à l'étranger. Les collègues se dispersent et la banque de compétences qualifiées grossit pour les autres employeurs éventuels.

Dans un monde où les « petits génies » se déplacent à la vitesse de l'éclair d'une compagnie à une autre, demeurer en contact avec certains de ses anciens collègues devrait être une de vos priorités. Les anciens employés d'entreprises telles que Netscape, Oracle et Microsoft en ont compris l'importance en créant les ex-files-alumnae.

Microsoft Alumnae Network

Ce réseau favorise le repérage des anciens collègues et le partage des idées. Plus de 2 500 anciens employés de Microsoft paient une cotisation annuelle pour faire partie du Microsoft Alumnæ Network. Grâce à ce réseau, des personnes qui avaient travaillé ensemble chez ce géant ont formé des équipes virtuelles pour concevoir de nouveaux projets. Ce type de réseau a donné lieu à la naissance d'outils Internet comme eGroup.

Bright Circles

Un ancien vice-président des ressources humaines chez Nortel Networks, François Guay, a lancé avec trois partenaires en décembre 2002 le site www.brightcircles.com. C'est en fait un réseau ouvert qui joue un double rôle : garder le contact entre anciens collègues d'une compagnie et offrir un bassin de ressources aux entreprises qui ont des postes à combler. « Les compagnies naissent et disparaissent. L'important est donc de garder des liens. Quand tu connais du monde, tu établis un réseau et tu peux continuer à travailler » : voilà ce que pensent les fondateurs.

Leur site, auquel l'inscription est gratuite, se veut plus complet que les sites de recherche d'emploi : il offre plus d'outils et des occasions de réseautage dont la « Buddy List », et la possibilité d'inscrire des messages sur un babillard électronique et de rejoindre des groupes d'affinités. Chaque membre gère son profil en ligne et contrôle l'accès à ses renseignements. En plus, les compagnies demeurent en contact avec leurs anciens employés et sont au courant de leur savoir-faire professionnel. Dans les jours plus sombres d'un parcours professionnel, tout n'est donc pas perdu.

C'est une excellente initiative, imprégnée de l'esprit du réseautage relationnel, de l'altruisme, de l'entraide et de la vision.

Réfléchissez un peu : avez-vous déjà entendu un de vos pairs ou un de vos supérieurs vous décrire à quelqu'un d'autre en tant qu'individu et relater votre expertise et vos succès ? Toute une révélation ! Si vous désirez que ce qu'on raconte sur vous soit cohérent avec votre image, il vous faut profiter de toutes les occasions pour les tenir au courant de ce que vous faites, où vous le faites et quels sont vos objectifs actuels.

Retirez les avantages du mentorat

Comme le réseautage et la réciprocité, le phénomène du mentorat existe depuis la nuit des temps, mais a été ravivé au début des années 80 aux États-Unis, et des programmes structurés existent depuis près de 10 ans au Canada.

Selon moi, un mentor aide son protégé à se positionner au bon endroit, avec les bonnes personnes, au bon moment. Étant donné que la première clé de l'influence est la position, un mentor permet de cerner les influences dans un contexte donné.

Plusieurs entreprises jumellent un nouvel employé à un membre aguerri de l'équipe, qui lui servira d'entraîneur, voire de mentor si le courant passe entre eux. C'est une façon économique et efficace d'utiliser le savoir et le savoir-faire du personnel existant pour déve-lopper le potentiel du nouvel arrivant, lui transmettre la culture organisationnelle, stimuler son sentiment d'appartenance et encou-rager le réseautage informel interne. Même si l'entreprise pour laquelle vous travaillez n'a pas adopté cette pratique, vous avez tout à gagner d'apprendre le maximum de ceux qui vous entourent, à commencer par votre patron.

Quel est le rôle du mentor ?

Avant de partir à la recherche d'un sage, l'individu doit déterminer ses besoins en fonction du rôle que le sage peut jouer, gratuitement, dans un esprit semblable au réseautage :

- Donner accès à une banque d'expériences, de contacts, de savoir et d'idées.

- Motiver, encourager, rassurer, éviter les faux pas à son mentoré.

- Conseiller, proposer des pistes de réflexion ou des solutions.

- Questionner et valider des projets ou décisions à l'étude, des per-ceptions.

- Favoriser les échanges générationnels (comme les Jeunes loups, une initiative décrite plus loin).

- Faciliter une recherche ou un changement d'emploi ou d'orienta-tion professionnelle, le développement professionnel et personnel, la préparation de la relève.

Quelles sont les qualités d'un bon mentor ?

Le protégé recherche au moins sept qualités chez les membres de ses ré-seaux formels et informels qui sont susceptibles de devenir un mentor :

1. Être accessible, prendre le temps d'enseigner, d'écouter, de sonder, d'aider à faire des liens et à concevoir différents scénarios, de confronter les façons de faire et les solutions du mentoré.

2. Partager son réseau avec celui de son mentoré.

3. Soutenir en cas d'échec et aider à voir l'erreur comme une occasion de perfectionnement.

4. Nourrir des attentes réalistes mais stimulantes envers son protégé.

5. Être créatif dans son approche.

6. Encourager ses collègues et ses contacts (ayant les aptitudes requises) à devenir mentors ou reconnaître des protégés potentiels et leur présenter des mentors potentiels.

7. S'autoévaluer régulièrement pour améliorer ou ajuster son comportement.

Comment recruter un mentor dans son réseau ?

L'entrepreneur, le gestionnaire, le professionnel, le travailleur indépendant ou l'étudiant qui désire bénéficier du parrainage d'un mentor peut emprunter deux avenues :

1. Choisir lui-même son mentor et obtenir son assentiment.

2. Utiliser les programmes internes, soit ceux instaurés par son entreprise, ou les programmes externes, offerts par différents organismes, notamment les chambres de commerce, les associations professionnelles, les établissements d'enseignement ou les organismes communautaires.

S'il opte pour la première avenue, l'individu se tourne vers son réseau pour trouver les contacts soit plus compétents, soit plus expérimentés, soit plus influents, soit plus sages que lui-même, soit tout cela à la fois.

Le futur protégé peut aussi puiser dans les réseaux formels et informels, qui foisonnent de mentors potentiels. Le principal défi consiste à les repérer et à les aborder. À moins d'être très occupé ou d'avoir déjà sous son aile plusieurs protégés, le mentor potentiel acquiesce avec plaisir.

C'est en étant présent, assidu, compétent et disponible au sein du réseau dont vous êtes membre que vous pourrez recruter plus facilement. Sinon, aucun mentor ne vous fera confiance, car votre crédibilité fait défaut.

Quels bénéfices le mentor reçoit-il en retour ?

Le mentor a à cœur votre réussite. Il en fait presque une affaire personnelle. Votre succès sera un peu le sien. Vous avez des besoins ? Votre mentor a des objectifs :

1. Augmenter son influence personnelle sur un terrain où cette influence est faible ou agrandir son réseau.

2. Vouloir aider certaines personnes à progresser. Il pense que vous êtes apte à les y aider, vous permettant par la même occasion de les connaître ou de leur vendre vos produits ou services.

3. Plus simplement et plus fréquemment, il peut agir par estime, parce que personne ne l'a aidé lorsqu'il en avait besoin ou, à l'inverse, parce qu'on l'a aidé et qu'il vous a choisi pour un retour d'ascenseur.

Plusieurs bénéfices intéressants peuvent découler de son mentorat, notamment les six suivants :

1. Agrandir son réseau.

2. Retrouver un sentiment d'utilité quand il est à la semi-retraite ou à la retraite.

3. Redonner à la société ce qu'il a reçu.

4. Valider et accroître ses connaissances par l'échange d'information.

5. Explorer d'autres possibilités, façons de faire et de penser.

6. Renforcer son leadership.

Des ressources en matière de mentorat

Précisez d'abord vos besoins. Ceux-ci vous guideront vers le programme approprié ; le choix du mentor externe en sera d'autant facilité. Dans ce but, les organismes suivants peuvent vous venir en aide.

- Fondation de l'entrepreneurship : programme de mentorat établi en 2000 à l'intention des entrepreneurs en recherche de soutien, d'expériences et de contacts. (www.entrepreneurship.qc.ca)

- Mentorat Québec : jeune organisation sans but lucratif qui regroupe des organismes et des personnes qui se consacrent à l'avancement du mentorat. (www.mentoratquebec.org)

- Plusieurs chambres de commerce et les jeunes chambres de commerce offrent des programmes adaptés aux besoins de leurs clientèles.

- Réseau HEC Montréal : ce regroupement réalise des jumelages d'anciens diplômés et d'étudiants afin d'initier les jeunes à la réalité du monde du travail et de les soutenir dans leur recherche d'emploi.

- Ordre des ingénieurs du Québec : programme de parrainage qui jumelle un nouveau diplômé avec un ingénieur expérimenté visant à faire partager aux débutants les valeurs de la profession.

- Barreau de Montréal : offre un service de mentorat depuis 1998.

- Y des femmes de Montréal : intègre depuis 1997 une démarche de mentorat à ses programmes de réinsertion professionnelle ou de choix de carrière.

- Academos : programme de cybermentorat mis sur pied en 1999 par le Collège de Bois-de-Boulogne à l'intention des jeunes afin de leur faire connaître la réalité des métiers. (www.acad emos.qc.ca)

Contrairement à ce que plusieurs croient, il n'est pas nécessaire d'être un « puissant » pour être mentor. Chacun détient un capital de savoir et de relations susceptibles d'être utile à un autre.

Les établissements d'enseignement, une mine de contacts

L'université, le collège et les autres établissements d'enseignement technique représentent une mine de contacts potentiels non seulement pour les étudiants, mais aussi pour les professeurs et leurs réseaux respectifs.

Vous y bûchez pendant un semestre, une ou plusieurs années pour obtenir un diplôme, aux programmes réguliers ou en formation continue, souvent au détriment de vos activités sociales externes. L'occasion n'est-elle pas superbe de tisser des liens avec plusieurs de ces confrères avec qui vous faites équipe, partagez des notes de cours ou des livres, des heures d'étude à la bibliothèque ou des virées pour décompresser après les examens ?

Que dire de ces professeurs que vous côtoyez régulièrement, qui sont en mesure de vous fournir de l'information au-delà de leur stricte matière d'enseignement, notamment sur la réputation d'autres maisons d'enseignement ou le cheminement d'anciens étudiants ? Vous faites partie d'une communauté et, chose certaine, une multitude d'affinités, d'aspirations et d'intérêts communs et d'occasions d'aider sont à votre portée. Allez-y et servez-vous allègrement : le réseau ne viendra pas à vous sans effort.

C'est vrai que très peu d'établissements enseignent à leurs étudiants comment optimiser « socialement » le temps qu'ils passent sur le campus. Si, à 18 ou 20 ans, votre instinct ne vous dicte pas forcément de poser les premiers jalons de votre réseau, vous n'avez vraiment plus d'excuses lorsque vous retournez à l'université 5, 10 ou 15 ans plus tard. D'autant plus que c'est à l'université que les contacts sont les plus faciles à établir, puisque la vocation même du lieu prédispose à une plus grande ouverture d'esprit. Les gens qui jonglent avec un retour aux études, le travail et la vie familiale ont tout avantage à exploiter au maximum le filon « estudiantin » pour bâtir ou diversifier leur réseau.

Sachez ce que vous cherchez

Étudiant à temps plein ou partiel, la première chose — et certaine-ment la plus importante — que celui-ci doit faire à son arrivée est de se présenter aux autres en précisant son bagage scolaire et profession-nel, ses expériences antérieures, sa culture et son lieu de résidence (dans le voisinage ou à l'extérieur de la ville), et ses objectifs.

Il importe d'établir ses objectifs et ses priorités à court, à moyen et à long terme et de les communiquer à son entourage. Le fait de les avoir clairement à l'esprit facilite grandement la sélection des activités sco-laires (cours, composition d'équipe de travail, stages, séminaires) et parascolaires (adhésion à un comité de l'association étudiante ou à un groupe d'échanges interétablissements).

Vous planifiez vous spécialiser ou travailler à l'étranger ? Alors liez-vous dès maintenant avec des étudiants originaires des pays qui vous intéressent ou des professeurs qui y ont déjà étudié. Non seulement vous fourniront-ils l'information dont vous avez besoin pour confirmer votre choix, ils vous feront également découvrir des mondes et des cul-tures inconnus. Et, autre information très appréciable, ils pourraient vous indiquer à quelles portes frapper pour enclencher ou compléter vos démarches.

Je crois que nos *alma mater* demeurent des endroits privilégiés pour se faire connaître, à court et à long terme. Les étudiants se dispersent une fois la formation terminée et sont alors en mesure de vanter, dans leurs milieux et leurs pays respectifs, les compétences, les forces et le comportement des uns et des autres et les façons diverses de voir les choses. Vous avez aidé quelqu'un à comprendre une théorie complexe ou à se trouver un colocataire ? Cette personne ne vous oubliera pas. Dans 10 ans, elle pourrait être votre cliente ou votre partenaire d'affaires, ou encore vous référer à l'un de ses contacts qui monte une équipe de travail virtuelle.

Faites connaître vos bons coups

Pour vanter vos mérites, encore faut-il qu'on sache que vous existez et que vous faites quelque chose digne de mention. La visibilité intra-muros peut s'accroître de multiples façons : rédiger une chronique dans le journal de l'association étudiante, organiser l'initiation des étudiants de première année ou participer aux concours oratoires individuels ou de la meilleure équipe marketing interuniversitaire.

Vous êtes débordé ? Tous vos collègues le sont ! Intégrez l'aide de vos contacts dans l'organisation de votre emploi du temps et occupez-vous stratégiquement de votre visibilité. La fin justifie les moyens. N'oubliez pas que les activités et les réalisations étudiantes, sportives et communautaires étoffent bien un CV où l'expérience professionnelle est mince parce qu'inexistante ou trop récente.

Une fois votre diplôme en main, ne coupez pas les liens pour retourner dans l'anonymat, comme trop d'étudiants le font. Joignez, peu importe où vous vivez, votre association de diplômés, car votre adhésion constitue un pilier pour sa continuité et la qualité des services qu'elle offre à ses membres. Accepter des responsabilités dans divers comités ou activités montre l'intérêt que vous y portez et celui que vous accordez à votre propre visibilité.

Toutes les associations sont à l'affût d'information générée par les diplômés pour remplir avec fierté les pages de leurs magazines et de leurs sites Internet. Elles présentent les réalisations, les nominations et les publications de leurs membres, informent sur les activités des sections locales, régionales et même internationales. Parions que ces pages sont parcourues par nombre de lecteurs qui y cherchent au moins le nom de consœurs ou de confrères perdus de vue. Alimentez-les sur vos bons coups ou votre nouveau poste. Et pourquoi ne pas encourager vos contacts et anciens confrères à le faire quand ils bougent ou qu'ils obtiennent un prix d'excellence professionnelle ? Jouer au promoteur de ses contacts ou clients est un signe de champion réseauteur.

Trouvez vos cercles d'influence

Les cercles d'influence représentent un exemple probant de réseaux informels. Ils consistent en groupes de personnes qui, de par leur crédibilité, leurs affinités, leur pouvoir ou la force de leurs réseaux personnels, exercent une forte influence dans leur milieu ou leurs réseaux. Ce ne sont pas nécessairement des nids de clients, car les membres n'ont souvent nul besoin de vos produits ou de vos services, ayant déjà leurs propres fournisseurs. Par contre, les comptables, banquiers et conseillers financiers, directeurs de ressources humaines, avocats ou notaires qui les composent sont souvent des conseillers ou des fournisseurs vendus à l'importance et à l'utilité des réseaux relationnels et rompus à l'échange de références.

Leur crédibilité vient notamment du fait qu'ils se tiennent constamment informés des produits et services qu'on peut trouver sur le marché et des meilleurs fournisseurs. Puisque, pour leur part, ils ne vendent pas de produits et ne proposent pas les mêmes services que vous, leur parole pèse lourd auprès de leurs clients ou de leurs contacts qui ont besoin de ce que vous offrez.

Lorsque vous aurez développé votre cercle d'influence ou qu'une relation vous aura intégré à son cercle, vous devrez le cultiver stratégiquement : gardez les membres informés de la nature de vos services, parlez-leur des clients que vous avez servis avec succès, des changements prévus dans votre entreprise ou du nouveau service que vous êtes sur le point d'offrir. Et faites-les profiter de votre expertise, de l'information que vous détenez ou à laquelle vous avez accès.

Pourquoi ne pas créer votre propre réseau ?

Vous n'arrivez pas à trouver le groupe qui répond à vos attentes ? Pourquoi ne pas le créer ? J'ai créé et je continue à créer de nouveaux types de réseaux adaptés à mes nouvelles réalités. Les réseaux n'arrivent pas seuls. J'ose espérer que ceux qui sont décrits ci-dessous sauront éveiller votre intérêt et stimuler votre propre créativité.

Le Onze à Onze à Lise

Au début des années 80, il était très difficile pour les femmes d'affaires de s'insérer dans les réseaux, jusque-là largement masculins. Même si plusieurs d'entre nous jouissaient d'une allocation de dépenses généreuse, les hommes de l'époque avaient beaucoup de difficulté à accepter les invitations d'une femme au restaurant. Il fallait user d'astuce pour arriver à payer l'addition. Le milieu de la construction et de la promotion des centres commerciaux, dans lequel j'évoluais à ce moment-là, était particulièrement macho. Le fait que j'étais une nouvelle venue dans la ville de Québec accentuait le problème.

Pour me donner la possibilité de rembourser les « politesses » que m'avaient faites au cours de l'année les entrepreneurs en construction, sous-traitants, fournisseurs, représentants syndicaux, fonctionnaires et représentants publicitaires, j'ai décidé de tenir une réception annuelle chez moi. Mon objectif était surtout de demeurer en relation avec les contacts laissés derrière moi en quittant la Mauricie. Cette réception s'est avérée, durant les 15 années où j'ai habité la capitale provinciale, un rendez-vous incontournable pour les membres de mon réseau. On l'a vite baptisée « Le Onze à Onze à Lise ».

Quelle aventure ! Mon appartement de quatre pièces juché au troisième étage était complètement transformé pour l'occasion. Le téléviseur, les plantes et les objets fragiles trouvaient refuge chez les voisins. La chambre à coucher se transformait en salle à manger, le boudoir en vestiaire, et la cuisine en bar. Quelques chaises empruntées complétaient le mobilier. Tout le monde se «cordait» à qui mieux mieux dans le salon et la salle à manger, qui ne formaient plus qu'une grande pièce.

Je louais un piano électrique et tout l'attirail d'amplificateurs, et je distribuais des recueils de chansons populaires. Quelques amis et membres de ma famille musiciens faisaient chanter tout ce beau monde, tandis qu'un traiteur voyait à les nourrir.

Les premiers invités attendaient patiemment qu'on ouvre la porte à 11 h, mais on avait 12 heures pour être à l'heure! L'invitation ne demandait pas de confirmation. Mon rôle se limitait à être hôtesse et à présenter tous les joyeux lurons les uns aux autres. Ça se terminait lorsque je donnais le signal que mes jambes ne supportaient plus mon corps.

Les premières années, ce party avait lieu à la mi-décembre et une cinquantaine de personnes y défilaient. On y restait en moyenne de trois à quatre heures. Très rapidement, à la demande de mes invités, j'ai dû devancer la date à la mi-novembre, car ma réception entrait en conflit avec les partys de bureau du temps des Fêtes. Dorénavant, les «habitués» s'acharnaient à «faire le tour de l'horloge». Il y avait telle-ment de monde intéressant à rencontrer!

Certaines années, selon la clémence de la température, j'accueillais plus de 125 personnes. Et, chose totalement inhabituelle à l'époque, l'exiguïté des lieux m'obligeait à limiter l'invitation à mes contacts professionnels, conjoints et conjointes exclus. Une vraie réunion d'af-faires, quoi!

Seuls les gens avec lesquels j'avais fait des affaires au cours de l'année étaient invités, et plusieurs d'entre eux insistaient pour participer au financement de l'organisation: impression des invitations, vin, bière, cigarettes et autres. Les viandes sauvages (orignal, chevreuil ou canard) fournies par mes amis chasseurs entraient dans la confection des cassoulets et tourtières et faisaient les délices de tous. Quelques bonnes amies assuraient le service dans la salle à manger.

On venait de partout au Québec, et même des États-Unis. Certains conseils d'administration auxquels je siégeais se réunissaient exceptionnellement à Québec, plutôt qu'à Montréal, pour que leurs membres puissent participer au Onze à Onze à Lise le lendemain. Résultat : grâce à ce « renvoi d'ascenseur » statutaire, mes contacts m'ont perçue comme une réseauteuse hors pair. On chantait, on mangeait, on buvait, on s'y faisait des contacts précieux.

Cette tradition s'est éteinte lorsque je suis déménagée à Montréal, au grand dam des Montréalais qui avaient l'habitude de fréquenter l'événement. D'une part, mon nouvel appartement ne se prêtait pas à ce type de transformation annuelle et, d'autre part, j'étais devenue totalement allergique à la fumée de cigarette qui semble aller de pair avec ce type de rassemblement.

Cette initiative en réseautage s'adapterait facilement à différentes versions personnalisées. Certains vont dire que c'est bien du travail et des frais. Si je calcule les heures consacrées à l'organisation et les frais engagés, je crois m'en être tirée à meilleur compte que si je m'étais inscrite à un club de golf et avais invité une douzaine de personnes à jouer en cours de saison. Et, du fait que c'était une réception réservée aux gens d'affaires, mes frais devenaient déductibles d'impôt !

Mes Jeudis clandestins

Lorsque j'ai accepté le poste de vice-présidente au marketing du Réseau des femmes d'affaires du Québec, je venais de quitter la ville de Québec, où j'avais habité pendant 15 ans.

Le fait de me retrouver soudainement dans un milieu exclusivement féminin, loin de mes contacts habituels, masculins et féminins, m'a incitée à créer en 1988 un réseau innovateur, les Jeudis clandestins. Ce réseau de gens d'affaires se compose de 12 hommes et de 12 femmes issus de tous les milieux, en quête de détente, de soutien, de franche camaraderie et d'agréable conversation.

La première vague de membres est venue sur invitation. C'était pour la plupart des Montréalais qui avaient l'habitude de fréquenter les Onze à Onze à Lise à Québec. Faute d'avoir une mission bien définie pour ce réseau, chacun avait adhéré avec ses propres attentes. Certains croyaient y trouver une occasion de promouvoir de façon intensive leur entreprise, d'autres s'y rendaient avec l'espoir d'y glaner des références, d'autres enfin étaient mal à l'aise de devoir y côtoyer des concurrents. Ce n'était pas ma vision et, dès la deuxième année, j'avais précisé la structure actuelle.

Les membres se rencontrent 10 fois par année pour un cocktail suivi d'un repas dans un salon privé d'un restaurant bien coté. À l'exception des rencontres de décembre et de fin de saison, où seuls les membres sont admis, chaque membre doit emmener un invité différent à au moins trois occasions annuellement. Peu importe le motif, un membre qui ne se présente pas à plus de quatre réunions au cours de la même saison doit quitter le club. La complicité s'installe avec l'assiduité, c'est bien connu.

Ne peut soumettre une demande d'adhésion qu'une personne ayant déjà été invitée une fois. Son adhésion doit faire l'unanimité chez les membres avant d'être acceptée. Il n'y a aucune clause d'exclusivité quant au secteur d'activité représenté.

L'un des objectifs de ce club était, au départ, d'offrir un lieu où les membres, particulièrement les femmes, auraient la possibilité d'inviter un client ou une relation d'affaires, après le travail, à une activité qui ne serait pas perçue comme une « sortie de couple ». Nous avons mis en pratique le principe selon lequel les amis de nos amis sont également nos amis.

Au fil des ans, ce petit réseau est devenu extrêmement fort. Très vite, les membres se sont mis à rivaliser pour inviter les personnes les plus intéressantes ! Le soutien qu'on y reçoit, l'information qui y circule, les rencontres inattendues qu'on peut y faire et de nombreux autres avantages encore font en sorte que le taux de participation à chaque rencontre est toujours très élevé.

Nos invités sont traités avec tous les égards. On leur donne toute la place. Leurs coordonnées sont répertoriées dans l'intranet du site www.lisecardinal.com et la mention « Nous nous sommes rencontrés aux Jeudis clandestins » fait en sorte que les contacts rappellent rapidement. Certains invités ont même dû attendre quelques années avant de pouvoir adhérer aux Jeudis clandestins.

Je rêve du jour où il y aura des « succursales » des Jeudis clandestins dans les grandes villes du monde. Ce type de réseau va parfaitement dans le sens de ce que je préconise, soit un réseautage durable et responsable.

Jeunes loups vs Sages

J'ai toujours aimé fréquenter des jeunes. La compagnie de ma ribambelle de neveux et nièces, tout particulièrement, m'a comblée de joies diverses. Ayant presque tous atteint la quarantaine, je me tourne de plus en plus vers les jeunes universitaires qui participent à mes ateliers ou que je rencontre lors de mes conférences. Ne me demandez pas pourquoi je les ai baptisés mes « Jeunes loups ». Ils n'ont pourtant rien de méchant !

David, étudiant en administration et entrepreneur en devenir, s'est imposé à moi presque sans que je m'en rende compte. Il venait de s'associer à un autre étudiant pour lancer une entreprise et se disait que son partenaire, tout comme d'autres jeunes de son entourage, devrait être plus éveillé aux possibilités du réseautage. Il sollicitait donc mon aide.

À l'automne 2003, plutôt que de jouer au professeur en solitaire, j'ai proposé à David une approche réseau. De son côté, il réunit quatre ou cinq Jeunes loups. De mon côté, je recrute quatre ou cinq amis, gens d'affaires forts en réseautage que j'appelle les Sages. Nous nous retrouvons tous lors d'une rencontre informelle où les Jeunes loups questionnent les Sages à volonté.

Une table fut réservée pour 18 h dans un restaurant familial et, très rapidement, des échanges des plus intéressants se sont amorcés. Les Sages étaient tout aussi excités que les Jeunes loups. Les conseils pleuvaient, les mises en garde également. Les Sages sont partis à 21 h 30, et le restaurateur a dû demander aux Jeunes loups de partir vers 23 h afin de fermer boutique. J'ai ouï dire que la conversation s'était poursuivie plus tard encore, sur le trottoir devant le restaurant.

L'expérience s'est répétée régulièrement depuis, à raison d'une fois par mois, de façon un peu plus structurée. David anime maintenant les échanges. Nous avons établi des règles :

1. Les Sages ne sont pas tenus de poursuivre individuellement la relation amorcée avec les Jeunes loups.

2. Ces rencontres ne sont pas un prélude au mentorat.

3. Les Jeunes loups n'ont droit qu'à une rencontre.

Sous la pression de ses congénères qui insistaient pour se revoir et bâtir un réseau, David tient maintenant un petit-déjeuner mensuel où ceux qui s'y rendent en profitent pour apprendre à mieux se connaître et échanger de l'information.

À la fin de la saison annuelle, nous inviterons tous les Jeunes loups et les Sages à une réception pour partager les retombées de cette nouvelle expérience. Nous souhaitons tous longue vie à ce miniréseau !

À quoi sert ce miniréseau ?

Ces rencontres permettent aux Jeunes loups de confronter leurs idées avec des gens d'expérience, et de se familiariser avec les attitudes, les valeurs et les façons de gérer de ceux qui, éventuellement, seront leurs dirigeants, qui accepteront leurs projets, voire qui les financeront.

Les Jeunes loups sont plus pressés que les Sages. Ils veulent passer rapidement du rêve à la réalité. Je devine une profonde tendance à l'individualisme, je dirais presque à la solitude. Ils ont vraiment besoin de réseauter.

Quant aux Sages :

- Ils y retrouvent l'audace et l'enthousiasme qui se sont parfois atténués au cours des années, étouffés par des expériences aux résultats souvent mitigés.

- Ils y découvrent les nouveautés : occasions, tendances en matière de marché, de nouveaux produits, de façons de faire et de modes de gestion.

- Ils y comprennent l'importance que les jeunes donnent à l'équilibre travail-famille conjugué à leurs ambitions.

Je suis confiante qu'à moyen ou à long terme, ces rencontres auront un impact certain. Une chose me paraît évidente : une fois de plus, j'ai été en mesure de réaliser à quel point les gens aiment aider, tout particulièrement lorsqu'on les intègre dans un contexte qui facilite ce genre d'échange.

Ce type de réseau peut être démarré partout dans le monde par un professeur ou une personne d'affaires à la retraite. À part la bonne volonté et le goût de partager, les frais de chacun se limitent à ceux du repas. Mais quel moyen fabuleux de rajeunir son réseau personnel !

Optez pour le sur mesure

À certains égards, un réseau sur mesure peut se révéler la formule idéale pour ceux qui ne sont pas particulièrement à l'aise au milieu d'étrangers, sont allergiques aux encadrements trop structurés ou adorent exploiter les situations fortuites.

Les constellations

Les constellations se composent d'entreprises qui offrent leurs services au même type de clients. L'exemple le plus habituel s'avère la production cinématographique ou télévisuelle. Les producteurs, réalisateurs, caméramans, éclairagistes, spécialistes du son, photographes, assistants et autres ont tout avantage à demeurer présents dans l'esprit de l'un et de l'autre. Là comme ailleurs, on préfère travailler avec des gens qu'on connaît et avec lesquels on a des affinités. Les délais sont parfois courts, il faut rapidement repérer les membres de la prochaine équipe.

On a beau être le génie de l'industrie, si on ne « connecte » pas régulièrement, il y a de fortes chances qu'on soit jeté aux oubliettes et qu'on nous ignore le moment venu et attendu. Un coup de fil, une invitation à prendre un verre, fréquenter le pub où les gens de l'industrie se replient après le travail, ou faire une petite visite sur les lieux de tournage représentent tous des moyens infaillibles pour conserver une place de choix dans l'esprit des gens.

Vous êtes entre deux contrats ? Si vous avez un peu de temps devant vous, c'est l'occasion rêvée de rendre de petits services, d'accumuler des points.

Le miniréseau de travailleurs indépendants

Depuis qu'il a créé son microgroupe, Michel, un traducteur à la pige, passe une soirée, à tous les deux mois, avec quatre confrères et consœurs qui œuvrent dans le milieu de la communication. C'est l'occasion attendue pour eux d'échanger des conseils, des nouvelles du marché, des trucs mis au point par chacun et des mises en garde au sujet de mauvais clients. C'est aussi un moment propice aux encouragements ou aux félicitations.

Des réseaux spécialement intéressés

Dans plusieurs régions se sont établis spontanément des groupes de recherche d'emploi, souvent appelés groupes de gestion de carrières. En plus du soutien moral, on y partage avec altruisme contacts et intérêts communs. La technicienne dentaire, en quête d'emploi, peut avoir dans sa famille immédiate l'ingénieur qui est susceptible de vous obtenir LE rendez-vous avec la personne qui pourrait vous embaucher.

D'autres endossent une cause commune comme celle de travailler à la venue d'entreprises de haute technologie dans une région touchée par le chômage à la suite de la fermeture d'une entreprise importante.

Bien que souvent sans rémunération, il faut être à l'affût de la possibilité de s'impliquer dans le comité organisateur de grandes manifestations, comme le marathon annuel, le Festival de jazz, les Jeux gais et d'autres activités en région. On s'y forge souvent des amitiés durables avec des gens œuvrant dans divers secteurs d'activité et qui nous ont vus à la tâche.

Le pique-nique entre voisins

J'habite un immeuble qui compte une quarantaine de condos, en plein centre-ville de Montréal. Une fois par an, à la mi-août, j'organise, aidée de quelques voisins, un six à neuf dans le stationnement à l'arrière de l'immeuble.

On demande une somme modeste aux participants pour payer les services d'un traiteur pour le goûter. Chacun apporte sa chaise et ses boissons. On fait connaissance avec les nouveaux arrivants et on se met à jour sur nos vies respectives. Des amitiés se forment, des collaborations se développent.

Même si les voisins ne se visitent pas, le fait de les saluer sur le trottoir rend la vie dans la grande ville plus sympathique. Et que dire de la sécurité et de l'utilité de savoir qu'ils sont à deux pas, que certains sont médecins, informaticiens, horticulteurs, fonctionnaires, etc., et que leur collaboration nous est déjà acquise en cas de besoin ?

Un réseau de locataires consentants

Alors que je travaillais à la rédaction de cet ouvrage, le quotidien *La Presse* publiait un article sur un nouveau type de réseau baptisé le « Festival perpétuel de réanimation d'espaces résidentiels ». Fondé par un ancien animateur communautaire, ce réseau chapeaute une trentaine de projets d'activités résidentielles, qui vont de l'art numérique aux débats philosophiques lancés par un écrivain français, en passant par des spectacles présentés par des artistes multidisciplinaires. Ces happenings touchent une panoplie d'intérêts.

Olivier, l'instigateur de ce réseau, n'a rien à vendre et ne fait pas un sou avec ce projet. Il fait partie de quelques dizaines de locataires et propriétaires montréalais qui ouvrent leurs portes sporadiquement à des étrangers pour leur offrir une activité gratuite de leur choix. Malgré son nom solennel, cette démarche se veut spontanée et éclatée, tant dans la forme que dans le fond. Loin de lui l'idée, dit-il, d'en faire une renaissance du mouvement *peace and love*. Longue vie à cette initiative !

Bien sûr, la création et le maintien d'un tel groupe exigent du travail, mais les résultats sont probants. Avec le temps, votre miniréseau acquiert une certaine notoriété et vous offre une excellente entrée en matière auprès des personnes qui y auront été invitées par l'un des membres. Le fait que presque tout le monde est maintenant branché à Internet facilite grandement la diffusion des invitations et des rappels.

La chorale : réseauter en chantant

Jeannine, une participante à nos ateliers, a créé son propre réseau parmi les chanteurs de la chorale dont elle fait partie. Profitant de l'habitude populaire de prendre un verre après les répétitions, elle a invité chacun des chanteurs à se présenter et à exprimer un besoin que le groupe pourrait lui aider à combler. Par la suite, elle a diffusé par courrier électronique, sous forme de bulletin, la liste des besoins non comblés. Trois ans après sa mise sur pied, ce réseau tient toujours le coup et rend la vie de chacun plus facile.

Hervé, un des membres du groupe, a eu le bonheur de dénicher un emploi grâce aux conseils prodigués et aux pistes proposées par ses congénères. Le fait de rencontrer les mêmes personnes, à heure et à endroit fixes pendant plusieurs semaines, facilite le démarrage des conversations. Si on évite les sujets « vides » comme la circulation et la température, on a des chances d'en arriver à échanger sur les « vraies affaires ».

Le cercle naturel des parents attentionnés

Les enfants représentent des sources de connexion toutes naturelles. Que vos petits chéris jouent au soccer ou au basket-ball, combien de temps avez-vous passé assis dans les gradins à attendre silencieusement la fin de la pratique ou de la partie en compagnie d'autres parents alors que vous auriez pu amorcer une conversation avec eux ?

Il n'y a rien comme les affinités – avoir des enfants du même âge ou s'adonnant à la même activité – pour que se révèlent les atomes crochus. Pourquoi ne pas proposer du covoiturage ? Peut-être pourriez-vous partager une collation au resto avec les parents les plus intéressants après la partie ?

On réseaute même dans les petits hôtels

Lorsqu'on appartient au circuit des conférenciers, on bénéficie de nombreuses occasions d'apprécier la créativité des gens en matière de réseautage. Un jour que je m'inscris à l'hôtel d'une petite ville, la préposée à l'accueil me demande si je compte prendre mon repas à la salle à manger. Comme c'est le cas, elle m'invite à épingler ma carte professionnelle à un babillard installé à proximité du comptoir si je désire prendre place aux tables réservées aux clients qui voyagent seuls.

Bien que les gens qui m'avaient invitée à donner une conférence avaient déjà prévu me tenir compagnie ce soir-là, je n'ai pu m'empêcher de jeter un œil et de tendre l'oreille vers les tables en question. On y réseautait de belle façon. Un coup d'œil au tableau d'affichage m'a donné un bon aperçu de ce qui pouvait s'y discuter. De l'échange d'information à son meilleur!

Converser avec ses voisins de siège

Vous avez peut-être tendance à vouloir dormir ou lire un bon roman lorsque vous voyagez durant quelques heures en avion ou en train. Personnellement, le livre que j'ai sur les genoux dans ces moments-là sert de prétexte au démarrage de conversations stimulantes avec des gens souvent fort intéressants.

Lorsque, pour des raisons professionnelles, je participais à deux congrès annuels importants aux États-Unis, je m'assurais, quand j'étais dans la salle d'attente et dans l'avion de mettre bien en vue le programme du congrès. Presque chaque fois, quelqu'un venait vers moi pour me dire qu'il s'y rendait également. Et il nous arrivait même de négocier avec d'autres passagers pour que ceux-ci nous cèdent leur siège afin que nous puissions poursuivre la conversation.

Réseauter aventureusement

Rencontrer quelqu'un avec qui on ne semble rien avoir en commun est comme partir à l'aventure sans destination. Parfois, les retombées sont personnelles. On entend parler de nouveaux endroits de villégiature, on nous fait découvrir des restaurants sympathiques ou on nous décrit de nouvelles tendances.

Si vous avez su diriger la conversation vers votre travail, votre recherche de produits exotiques ou votre rêve de travailler dans un autre pays, il y a fort à parier que la personne rencontrée fortuitement, dans un congrès ou au cours d'une croisière, aura de l'information intéressante à vous communiquer. Elle pourrait aussi vous brancher sur une de ses connaissances qui se ferait un plaisir de vous informer.

Je pourrais m'étendre sur plusieurs pages encore, mais je conclurai en vous rappelant que le réseautage est un mode de vie. C'est dommage que plusieurs ne s'y intéressent que lorsqu'ils sont en mode de survie !

Il n'y a pas de nombre magique de réseaux auxquels vous devez appartenir. Si 50 personnes pensent à vous lorsqu'elles ont besoin de votre type d'expertise, parlent en bien de vous à leurs collègues, et vous considèrent comme une personne-ressource fiable et généreuse, vous avez un excellent réseau.

Si, toutefois, vous craignez d'être mis à pied, jouez avec l'idée de vous lancer en affaires un jour, avez une entreprise qui ne peut croître qu'avec des références de clients satisfaits ou que vous envisagez faire un changement majeur dans votre vie, comme prendre votre retraite au soleil, vous vous devez d'investir quotidiennement dans l'établissement et l'entretien de votre réseau.

12

CEUX QUI VOUS CONNAISSENT FONT LA DIFFÉRENCE

Vous comprenez maintenant que, pour vous recommander, acheter vos produits ou vos services, ou vous aider, les gens doivent **vous connaître.** Pour vous rendre visible et être dans leur mire, plusieurs moyens et techniques vous ont été donnés dès les premières pages de ce livre. Les foires commerciales, les concours et les sites Internet méritent qu'on s'y intéresse davantage, compte tenu de leur rayonnement et de leur poids en matière de visibilité et de réseautage.

Tirez parti des foires commerciales et des expositions

Qu'ils s'étendent sur quelques heures ou quelques jours, qu'ils aient lieu dans votre ville ou à l'extérieur, les foires commerciales, salons, expositions et autres manifestations méritent d'être exploités à leur maximum, sans oublier que le temps et l'argent que vous y investirez doivent être rentabilisés. Ces événements constituent une occasion sans pareille :

• de faire des échanges commerciaux ;

- de rencontrer de nombreuses personnes intéressantes en peu de temps (clients actuels, fournisseurs et concurrents) ;

- de vous assurer que vous êtes équipé pour brasser de bonnes affaires ;

- de « connecter physiquement » ;

- de tester vos habiletés de réseauteur ;

- de vous mettre en valeur.

Tenir un stand dans une foire commerciale ou un salon équivaut à vivre dans la vitrine de son commerce. Vous devez donc être prêt en tout temps à montrer votre « valeur ajoutée » et à y être à votre meilleur.

Plusieurs raisons attirent les consommateurs et les clients à ces événements ouverts au public ou réservés à une industrie donnée. Certains viennent y chercher de l'information, d'autres désirent parler au directeur de l'entreprise qui expose sans pour autant vouloir acheter tout de suite. La plupart, enfin, s'y rendent pour comparer l'ensemble des produits et des services offerts, pour repérer un nouveau contact ou un nouveau fournisseur, ou encore pour partir à la recherche d'un emploi.

Vous voulez mettre à profit vos talents de réseauteur ? Projetez de vous y faire des amis et vous avez de bonnes chances d'y trouver de nouveaux clients. Planifiez d'y recruter des clients à tout prix et vous risquez fort de vous y faire des ennemis.

Quels sont vos objectifs ?

À moins que vous n'ayez loué un stand que pour regarder passer les visiteurs, vous devez déterminer précisément vos objectifs pour mesurer et espérer obtenir des résultats. Vos besoins ou vos objectifs peuvent être de recruter x nouveaux clients, de renforcer vos relations avec x clients actuels, d'obtenir x volume de ventes sur place ou de discuter avec des nouveaux fournisseurs pouvant combler vos besoins de matière première. Souvent, dans le feu de l'action, notre mémoire nous joue des tours et nous oublions que nous sommes là pour réseauter et consacrer temps et efforts à atteindre nos objectifs.

À plus forte raison dans un salon ouvert au public qui ne permet pas toujours de distinguer les curieux des clients potentiels. Afin d'être efficace, vous devez savoir exactement quel type de clients vous désirez courtiser. Avant d'écarter d'emblée les visiteurs qui n'ont que faire de vos services, prenez au moins le temps de faire valoir votre expertise. On ne sait jamais, l'une de ces personnes pourrait ensuite parler de vous à une autre qui, elle, a besoin de ce que vous offrez. En revanche, si ces mêmes visiteurs s'arrêtent pour parler de la pluie et du beau temps, préservez votre énergie et ramenez impérativement la conversation à la raison de votre présence à l'exposition.

Annoncez votre participation

Participer à une foire, peu importe qu'elle soit locale, régionale ou internationale, fait partie des activités de marketing et doit faire l'objet d'un programme de promotion, à l'interne comme à l'externe.

Très souvent, la majorité du personnel d'une entreprise, sauf, évidemment, les membres de l'équipe des ventes et du marketing, ignore que leur compagnie participe à une foire et quelles sont les composantes de celle-ci : où elle a lieu et à quelle date, le numéro du stand, etc. Pourtant, cette participation devrait être une source de fierté et d'information : multiplication des porte-parole dans leur entourage et capacité à informer correctement les clients ou les fournisseurs. Vous avez certainement eu l'occasion de vous enquérir auprès de la réceptionniste d'une entreprise exposante de la tenue d'un salon ou du numéro du stand et de vous faire répondre : « Je ne sais pas de quoi vous parlez, je vais voir au service des ventes » ou « Les vendeurs sont tous sur la route, on vous rappellera. »

Non seulement les entreprises doivent faire flèche de tout bois pour faire savoir au plus grand nombre qu'elles seront présentes à tel type d'événement, mais, s'il y a lieu, doivent aussi mentionner la participation d'un membre de leur personnel à une conférence ou à une table ronde.

Par conséquent, inscrivez les renseignements relatifs à l'événement sur votre site Internet et sur votre bordereau de télécopie, ajoutez l'information dans votre boîte de messagerie vocale puis, sur le babillard de votre réception ou de votre salle de montre, affichez : « Venez nous voir dans le Hall 8, au stand K-920, du 9 au 13 octobre ». Pour inviter des clients et des fournisseurs, Roxane a même déjà utilisé les formulaires de commandes.

Préparez-vous

Tout est dans la préparation. Si vous suivez les cinq étapes suivantes, vous serez bien préparé pour participer à un salon et pour faire un réseautage du tonnerre.

5 PAS VERS UNE PARTICIPATION RENTABLE

1 *Étudiez la liste des participants ou des exposants.* Identifiez les personnes à rencontrer – contacts, clients ou fournisseurs actuels et potentiels, conférenciers, etc. Déterminez les raisons qui motivent chacune de ces rencontres. Établissez à l'avance et mémorisez les questions efficaces ; vous obtiendrez l'information recherchée plus rapidement tout en étant à l'aise et attentif à votre interlocuteur.

2 *Envoyez une note aux personnes que vous désirez vraiment rencontrer.* Indiquez brièvement pourquoi il devrait vous rencontrer. Serait-il intéressé à avoir une primeur ? Ou à rencontrer éventuellement un de vos contacts ? Communiquez avec eux dans les jours suivant l'envoi de votre note afin de fixer le moment opportun.

3 *Jouez en solo.* Sauf pour assister à des rencontres déjà prévues avec patrons et collègues, détachez-vous d'eux pour assister à des conférences différentes et rencontrer de nouveaux visages.

4 *Soyez à l'affût des «options» de réseautage.* Profitez des activités connexes, notamment les petits-déjeuners, les ateliers et les visites de sites touristiques pour mieux connaître les clients potentiels ou renouer avec des contacts.

5 *Soignez votre «emballage» personnel... tout autant que la qualité de l'emballage de votre produit ou service.* Préparez ou rafraîchissez votre présentation personnelle. Assurez-vous d'avoir des cartes professionnelles (dans la langue requise), du matériel promotionnel et un cahier de notes ou un agenda électronique. Soyez vêtu correctement pour chacune des activités... et portez les chaussures qui vous permettront de sourire sincèrement !

Soyez présent... et efficace

Une fois dans le feu de l'action, si vous mettez en pratique les sept conseils suivants, vous devriez faire honneur à votre entreprise et à votre image.

7 PRATIQUES INFAILLIBLES POUR GAGNER DES POINTS SUR PLACE

1 *Présentez-vous clairement, souriez et soyez ouvert.* Vous avez quelques secondes pour faire une impression favorable et durable. Cernez les caractéristiques de votre client potentiel. Au moment de fournir de l'information plus pointue, sachez dès que possible à qui vous vous adressez et déterminez de quel type d'acheteur il s'agit afin d'identifier les façons de lui rendre service :

- Veut-il conclure une transaction rapidement ?

- Désire-t-il prendre le temps de comparer ?

- A-t-il cerné clairement ses besoins ?

- Vient-il tout simplement s'informer sur les nouveautés ou les différents fournisseurs ?

Cherchez aussi à relever des affinités mutuelles.

2 *Consignez au fur et à mesure dans votre cahier de notes le nom des clients potentiels suivi du code de votre système de classement,* ou inscrivez ce code au verso de leur carte professionnelle. Par exemple :

- Code 1 : Demande un prix.

- Code 2 : Demande une rencontre.

- Code 3 : Demande à être tenu informé des produits actuels ou des nouveaux produits.

- Code 4 : Possibilité de partenariat.

- Code 5 : Contacts à développer.

3 *Soyez continuellement aux aguets.* Accueillez chaleureusement un client fidèle, présentez-le à un client potentiel déjà dans votre stand. Le bouche à oreille immédiat d'un client satisfait, il n'y a pas de meilleure recommandation ! Vous voyez quelqu'un que vous désirez rencontrer ? Présentez-vous et demandez-lui quel est le meilleur moment pour une rencontre. Vous croisez des connaissances ? Profitez-en pour les saluer, pour vérifier si leurs coordonnées sont toujours exactes et échanger de l'information. Qui sait si vous les reverrez avant la fin de l'événement ?

4 *Prenez des engagements utiles pour vos contacts existants et potentiels.* Notez à l'endos de la carte professionnelle d'un contact ou dans votre organiseur qu'il vous faut transmettre les nouvelles coordonnées d'un ancien collègue, un article élogieux sur son entreprise ou le dernier rapport de votre association professionnelle. Fixez-vous des délais réalistes.

5 *Prenez des notes et recueillez du matériel de promotion et d'information additionnel.* Soyez généreux ; pensez aussi aux besoins et aux intérêts de vos contacts et collègues qui n'assistent pas à l'événement. Vous n'avez rien promis, mais sur place, voilà que vous faites d'intéressantes trouvailles.

6 *Fréquentez les aires de circulation.* Les files d'attente aux îlots de restauration, à l'accueil et aux téléphones publics ainsi que les espaces pour fumeurs – eh oui, beaucoup d'information y circule ! – regorgent d'occasions de saluer de vieilles connaissances ou d'en créer de nouvelles.

7 *Faites le point quotidiennement.* Si l'événement dure plus d'une journée, triez en soirée vos cartes et vos notes selon leur degré d'importance. Vous gagnerez du temps au retour tout en vous assurant de donner priorité aux contacts dignes d'intérêt.

Osez parler aux autres exposants

Si vous êtes du genre à ne pas connaître le nom de vos voisins, il y a fort à parier que vous ne fouliez pas le tapis de leur stand. Faites connaissance avec les autres exposants et assurez-vous qu'ils sachent pourquoi votre entreprise est présente au salon.

Pour peu que vous établissiez un bon contact, ils seront en mesure d'aiguiller vers votre stand des visiteurs qui ont besoin de ce que vous offrez. Par ailleurs, qui sait si les autres exposants n'auront pas eux aussi besoin de vos services dans l'avenir ? C'est indéniablement une occasion en or de vous vendre en tant qu'individu et d'expliquer ce que vous faites dans la vie.

Suivez les pistes !

Malheureusement, un grand nombre d'exposants négligent de suivre à la trace les contacts établis dans une foire ou un salon. Plusieurs facteurs sont invoqués : après des jours d'absence du bureau, le travail accumulé devient prioritaire ; un peu de calme après l'animation du salon serait salutaire ; le manque d'organisation, etc. Dommage, mais les clients potentiels ont eu le temps d'oublier votre rencontre, car vous avez omis de donner suite à leurs demandes de renseignements. Si vous ne prévoyez pas de mode de suivi avant la tenue du salon, il y a de fortes chances que ce suivi ne soit jamais effectué.

En respectant les quatre étapes suivantes, vous serez en mesure de fermer, à votre avantage, la boucle de l'événement et de conserver la trace de vos contacts :

4 ÉTAPES SIMPLES POUR CONSERVER VOS CONTACTS

1 *Répertoriez les cartes professionnelles, les notes et le matériel promotionnel.* Au besoin, complétez l'information recueillie.

2 *Classez-les selon le système de classement de suivi adopté* et assignez-les aux bons services pour que le suivi soit effectué.

3 *Respectez vos engagements :*

- Distribuez l'information ou le matériel recueillis à vos collègues ou contacts. Faites-le rapidement et montrez que vous connaissez leurs besoins en ajoutant une note manuscrite sur les points d'intérêt.

- Respectez vos engagements pris au salon, au plus tard dans les 7 à 14 jours suivant la tenue de l'événement.

4 *Mettez à jour votre système de gestion de contacts.*

Courez les concours

Les associations professionnelles et d'affaires, les organismes gouvernementaux, les maisons d'enseignement et les institutions financières organisent chaque année des concours et remettent des prix. Ceux-ci visent à reconnaître et à honorer l'excellence et les réalisations d'entreprises de toutes tailles, dans tous les secteurs de l'activité économique, de même que des individus qui se sont distingués dans leur domaine respectif et par leur engagement social.

C'est généralement à l'occasion d'événements ou de galas prestigieux, largement publicisés, qu'on rend hommage aux finalistes et aux lauréats. Il faut voir la réaction des membres du jury ou des invités lorsque ceux-ci découvrent des entreprises performantes dont ils n'avaient, jusqu'alors, jamais soupçonné l'existence.

Les retombées de ces distinctions contribuent à l'image des sociétés, des entrepreneurs, des gestionnaires et des professionnels honorés. Elles offrent une vitrine pour leurs produits et leurs services, influencent positivement le moral et la fierté du personnel ou des associés, renforcent la crédibilité auprès des clients et d'autres partenaires.

Outre le fait d'y être candidat, il est possible de participer à la course autrement, comme membre du jury ou membre de l'organisation.

Gardez à l'esprit que c'est généralement parce qu'ils ont osé répondre à un appel de candidatures que les finalistes et les lauréats gravissent avec émotion les marches de l'estrade pour aller chercher leur trophée. C'est comme la loterie : si on ne joue pas, il est impossible de gagner.

Choisissez bien votre concours

Le secteur d'activité, la catégorie du concours et le rôle de l'individu – entrepreneur, gestionnaire ou professionnel – dictent souvent le choix des concours. À moins d'accomplissements ou d'innovations majeurs, quelques premières initiatives sur le plan local ou régional sont de mise pour se faire la main ou servir de tremplin. Par la suite, pourquoi ne pas viser plus haut et plus gros ?

Un partenaire vous suggère de vous présenter à un concours particulier ? Avant de refuser faute de temps, d'argent ou de confiance en vous, réfléchissez deux secondes. C'est une marque de confiance et d'admiration que vous témoigne ce partenaire, qui vous voit avec plus d'objectivité et de manière plus globale. De plus, voyez-y une occasion de solliciter l'aide de vos collaborateurs ou des membres de votre réseau pour monter votre dossier.

Préparez stratégiquement votre dossier de candidature

La préparation d'un dossier mérite beaucoup d'attention. Il importe de fournir votre dossier dans les délais, de répondre à toutes les questions, de respecter la présentation demandée et d'inclure tous les documents requis de manière à retenir l'attention du jury. Les présentations bâclées et les photos prises lors de votre anniversaire de naissance — on en voit régulièrement — nuisent à l'appréciation positive et laissent croire que le candidat n'est pas particulièrement fier de ses réalisations.

---

7 CONSEILS POUR FAIRE MOUCHE

1 Lisez bien les règlements du concours et assurez-vous de répondre précisément à chacune des questions de façon à vous mettre en valeur, mais en prenant soin de respecter l'espace alloué. Si le jury arrête de lire à la 11e ligne parce qu'il est stipulé que vous avez droit à 10 lignes, il ratera probablement votre meilleur coup.

2 Puisqu'une photo vaut mille mots, prenez la peine de vous rendre au studio d'un photographe professionnel. Prévoyez quelques semaines pour produire et réunir des documents visuels de bonne qualité.

3 Joignez en annexe tout document qui confirme la qualité de votre travail ou de votre entreprise. Par exemple, si vous êtes propriétaire d'un restaurant ou d'une boutique, une critique élogieuse dans un journal ou un magazine prestigieux ne peut manquer d'impressionner.

4 Tenez un dossier à jour dans lequel vous conserverez un exemplaire des documents suivants : plan d'affaires, plan de marketing, budget, états financiers, reportages, etc. Ainsi, vous aurez tout sous la main lorsque viendra le moment de mettre la touche finale à votre dossier.

5 Les parcours sans faute ne font pas forcément meilleure figure. Le fait que vous ayez dû affronter et vaincre des obstacles témoigne de votre persévérance. Ne les taisez pas ; racontez plutôt comment vous avez surmonté ces embûches.

6 Fréquemment, on requiert des précisions sur l'engagement social ou communautaire du candidat. On apprécie de plus en plus les entreprises qui ne se préoccupent pas que des profits, mais aussi de soutenir des organismes caritatifs ou des étudiants méritants. Si la question n'est pas formellement posée, ajoutez ce genre d'information.

7 Confiez la rédaction finale, sinon la relecture du dossier, à un professionnel en communication ou à un de vos contacts qui s'y connaît. Une personne extérieure à l'entreprise fera preuve de recul et saura accorder la juste importance à des choses qui, pour vous, n'ont rien d'exceptionnel. Autre considération de taille : si vous n'êtes pas rompu à la préparation de documents de cet ordre, vous pourriez vous laisser aller à un abus d'effets spéciaux qui vous desserviraient.

Ajoutez de la valeur à l'honneur

Ne taisez pas votre succès : vous ne vous êtes certainement pas donné tout ce mal uniquement pour flatter votre ego. Soyez professionnel à tous points de vue, autant dans la qualité de votre gestion et de vos services que dans la promotion de votre image. Prévoyez un budget de suivi pour retirer les bénéfices bien légitimes de cet honneur. Vous avez gagné ? Bravo ! Il ne vous reste qu'à faire connaître votre victoire au plus grand nombre de gens possible.

■ Tirez parti des rencontres avec les autres candidats et membres des jurys pour glaner de l'information et ajouter ceux-ci à votre cercle d'influence.

■ Célébrez en groupe : assistez à la remise des prix entouré de proches collaborateurs et de partenaires.

■ Propagez la bonne nouvelle en utilisant les annonces publicitaires donnant le nom des gagnants du concours et envoyez-les sous forme de publipostage à vos clients, partenaires, fournisseurs, investisseurs et membres de votre réseau ou en les ajoutant à votre site Internet.

■ Faites parvenir l'information et des photos à vos journaux locaux, aux bulletins de vos associations, etc.

■ Partagez le crédit. Assurez-vous de remercier publiquement les collaborateurs qui vous ont soutenu.

■ Placez votre trophée ou votre prix bien en vue à votre lieu de travail.

■ Félicitez-vous ! Vous l'avez bien mérité.

Votre victoire et la notoriété qui en découle peuvent avoir d'heureuses répercussions :

■ Vous serez appelé à soumissionner par des sociétés qui ignoraient jusque-là votre existence, ou des clients potentiels visiteront votre entreprise.

■ Vous serez invité à prendre la parole devant les membres de clubs ou de chambres de commerce.

■ Vous serez sollicité pour donner votre opinion sur une foule de sujets, à l'occasion d'entrevues, de tables rondes ou de colloques.

■ Vous serez parfois invité, l'année suivant votre victoire, à faire partie d'un jury.

Vous n'avez pas gagné... cette fois

Que vous gagniez ou non, votre participation à un concours ne peut que vous procurer une excellente visibilité. Les membres du jury, souvent des personnes d'influence provenant de tous les milieux, sont impressionnés par un dossier étoffé et bien présenté. Ils ne vous oublieront pas. Le fait d'être mis en nomination vaut bien les efforts qu'exige la préparation du dossier de candidature. Imaginez les applaudissements et les félicitations de vos pairs au moment de la présentation des finalistes !

Votre dossier n'a pas été retenu ? Qu'à cela ne tienne, l'exercice n'a pas été vain. Vous vous voyez maintenant sous un nouvel éclairage et connaissez mieux votre potentiel de croissance personnelle et professionnelle. Choisissez un autre concours pertinent, adaptez votre dossier et lancez-vous de nouveau. Oui, mais celui-ci, c'était LE concours ? Votre réussite ne se dément pas, alors présentez un dossier amélioré l'année suivante.

Participez autrement

L'organisation d'un concours offre de la visibilité, permet un réseautage diversifié et ouvre la voie à la mise en valeur de vos compétences.

4 FAÇONS DE PARTICIPER DIFFÉREMMENT

1 *Siégez au comité organisateur.* Cela vous permet de vous impliquer sur une plus longue période et, par le fait même, de réseauter.

2 *Soyez membre d'un jury.* Certes, être invité à siéger représente une responsabilité mais aussi, et ce n'est pas à dédaigner, une marque de reconnaissance et une forme privilégiée de visibilité.

3 *Collaborez ponctuellement à la tenue de l'événement.* On apprécie toujours les personnes qui travaillent à la vente des billets, à l'animation, au soutien technique, à l'accueil des invités, etc.

4 *Assistez aux événements de remise de prix* pour encourager l'organisation et les personnes honorées, de même que pour réseauter.

- Achetez au moins un billet. Applaudissez les candidats. Félicitez les organisateurs du concours.

- Observez les facettes de l'organisation. Voyez comment vous pourriez être vu au bon endroit la prochaine fois.

13

VOTRE SITE INTERNET, UN INCONTOURNABLE

L'avenir est en réseau, humain et virtuel. La nouvelle dynamique du travail, en équipe ou non, réelle ou virtuelle, et la prolifération tous azimuts de l'information font du réseau Internet un outil de travail et de réseautage puissant et incontournable. Posséder son site Internet n'est plus l'apanage des grandes organisations et des gouvernements et ne requiert pas des budgets faramineux. C'est à la portée des micro-entreprises, des professionnels et des travailleurs indépendants. C'est aussi disposer d'un outil promotionnel important associé à son marketing personnel et d'affaires.

J'en suis la preuve! En dépit de connaissances et d'un budget limités, j'ai lancé mon site dans le cyberespace en juin 2002. Comment? Grâce à la collaboration d'une petite équipe solide et enthousiaste de membres de mon réseau.

Votre site contribue à dévoiler une autre facette de votre image ou de votre organisme en plus d'offrir une plus-value aux internautes. Que devriez-vous viser avec votre site Web?

Premier objectif : informer

Vous disposez :

■ d'une carte de visite moderne et flexible ;

■ d'une vitrine mondiale pour exposer et fournir de l'information à jour sur vos produits, services et avantages distinctifs ;

■ de liens directs avec vos clients actuels et potentiels et avec les organismes de réseautage.

Vous pouvez vous faire voir en couleur et en mouvement : affichez votre photo, rédigez une brève biographie qui tiendra compte de vos réalisations, ajoutez un court vidéo du lancement de votre plus récent produit ou de la remise de prix où vous avez reçu un trophée.

Deuxième objectif : communiquer interactivement

■ Vous cherchez de l'information et des liens à partager ou désirez faire des suivis avec des partenaires ou des contacts ? Utilisez votre site.

■ Vous avez quelque chose de nouveau ou d'important à annoncer ? Faites-le dans les plus brefs délais. Inscrivez-le sur la page d'accueil ou déposez vos communiqués dès diffusion dans une rubrique particulière.

■ Les médias s'intéressent à vous ? Offrez-leur votre dossier de presse en ligne.

■ Vous êtes ouvert aux questions ou voulez offrir une plateforme d'échange à vos visiteurs ? Proposez une foire aux questions ou un forum… Ces outils donnent en plus un goût de revenez-y.

Créez votre site Internet

Au service de votre image ou de celle de votre entreprise, la création et la promotion de cet outil visuel doivent également faire bonne impression et évoluer à votre rythme. Souvenez-vous que le visiteur n'est qu'à un clic de la sortie. Voyez à ce qu'il quitte votre site avec l'information que vous souhaitez.

Pour ce faire, voici les cinq éléments de base à considérer lorsque vous envisagez de créer votre site :

1. *Déterminez votre budget et vos ressources.* C'est fondamental ! Mais ne vous laissez pas arrêter même si vous n'êtes pas une multinationale et même si vous ne développez pas un site de ventes. Vous pouvez vous lancer dans l'aventure avec peu de moyens et beaucoup de bonne volonté. Utilisez les sites conviviaux, des livres comme *Créer un site Web pour les nuls,* ou encore optez pour une firme spécialisée qui corresponde à la taille de votre entreprise.

   Quelle belle occasion d'entraide ! Informez-vous des coûts et des nouvelles technologies auprès de vos contacts qui possèdent déjà un site ou qui sont en train d'en construire un. Ils peuvent aussi vous guider vers les services, gratuits ou à peu de frais, de stagiaires compétents offerts par certaines écoles ou universités.

2. *Déterminez vos objectifs.* Pourquoi voulez-vous être sur le Web ? À quel type de public vous adressez-vous ? Quelles sont ses motivations, ses attentes ? Quand désirez-vous lancer votre site ? Par quels moyens prévoyez-vous y faire des modifications ? Comment allez-vous susciter les interactions et générer du trafic ?

3. *Élaborez le contenu.* Quels messages désirez-vous transmettre ? Que veut savoir le visiteur ? Comment le lui dire clairement ? Quelles sont vos sources de contenu ? Sur quels critères vous baser pour trier le contenu ?

4. *Respectez les facteurs qui rehaussent votre image :*

   - Accueillez et retenez l'internaute par la qualité visuelle du site, son graphisme plaisant et un langage soigné et respectueux ;
   - Sachez vous vendre avec distinction : démontrez vos différentes facettes et votre valeur ajoutée ;
   - Mettez-le à jour régulièrement et nourrissez-le de nouveautés et d'information pertinente ;
   - Permettez au visiteur de vivre une expérience de navigation conviviale ;
   - Jouez à fond la carte de l'interactivité du site.

5. *Suscitez et encouragez le trafic sur votre site.* Celui-ci représente une source de visibilité élargie qui remplira ses promesses si les internautes sont de plus en plus nombreux à le visiter fréquemment et qu'ils propagent la bonne nouvelle.

   - Soyez répertorié dans des moteurs de recherche, des listes de sites, etc.
   - Échangez des liens avec des clients, fournisseurs, contacts, associations, etc.
   - Ajoutez votre adresse Internet sur tous vos outils de communication : papier en-tête, signature de courriel, télécopie, brochures, etc.
   - Encouragez régulièrement la visite de votre site par la diffusion d'un bulletin ou de communiqués.
   - Sollicitez la participation directe des visiteurs. Sondez-les, réclamez leurs commentaires. Incitez-les à participer à votre forum de discussion en suggérant des sujets.
   - Mettez vos employés ou collaborateurs dans le coup ! Assurez-vous qu'ils connaissent bien « leur » site et en font la promotion.

L'accès au réseau Internet est maintenant possible, même dans des endroits reculés. Alors, que vous soyez dans une autre localité ou un autre pays, si vous disposez d'un ordinateur branché, vous pouvez accéder à votre site Web et l'utiliser.

Grâce à ce réseau dont vous contrôlez le fond et la forme, sans frontières ni limite de temps, vous serez mondialement visible, partagerez de l'information, demeurerez en contact et prospérerez plus facilement : voilà les promesses d'un réseautage durable. Personnellement, mon site m'amène régulièrement de nouvelles occasions d'affaires.

CONCLUSION

Le fruit de mes réflexions et plusieurs des expériences, concepts et conseils que je présente dans cet ouvrage peuvent apparaître comme évidents aux réseauteurs chevronnés. Même un certain nombre de néophytes ont peut-être eu l'impression d'y voir l'expression du gros bon sens. Fort bien, mais le réseautage responsable n'est pas qu'une affaire de gros bon sens ; nos actions ne peuvent porter des fruits que si elles sont inspirées par un authentique respect de l'autre et le désir de donner.

Gardons à l'esprit que le réseautage s'appuie sur la confiance, les relations interpersonnelles (fréquentes, autant que possible) et le respect mutuel. En outre, la constance est le meilleur gage de succès. En réseautage durable, il n'y a pas de place pour les solutions rapides !

Je ne prétends pas connaître l'avenir des organisations dans 10 ou 20 ans. Par contre, je parierais qu'un grand nombre d'entreprises, grandes et petites, auront compris que la rentabilité et la rétention des employés satisfaits et qualifiés ne seront possibles que par l'instauration de conditions propices à la conversation, aux relations interpersonnelles et à l'établissement d'un climat de confiance, et ce, à tous les niveaux.

Loin d'être un phénomène passager, la formation continue joue désormais un rôle clé en matière de gestion de carrière. Certes, les avancées technologiques en facilitent grandement l'accès, la popularité croissante de la formation à distance en faisant foi. Mais je persiste à dire que tous ces avantages ne remplaceront jamais la synergie et l'entraide générées par la réunion périodique d'atomes crochus... et ça, ça se fait entre quat'z'yeux ! Les établissements de haut savoir devront emboîter le pas et se mettre rapidement et résolument à l'enseignement du réseautage. On devrait même envisager d'en enseigner les rudiments, entre autres la réciprocité et les bonnes manières, dès la fin du cours secondaire.

Socialement parlant, souhaitons que les architectes songent à créer des espaces qui favorisent les échanges et les rapports humains. Pourquoi les concepteurs de maisons unifamiliales n'ajouteraient-ils pas des vérandas à leurs princières créations ? La recommandation vaut aussi pour les tours d'habitations à loyer modique et les immeubles d'appartements luxueux, que les concepteurs devraient enrichir de vestibules meublés, de solariums ou d'autres espaces communs, propices aux rencontres. Alors que nos cinémas maison et nos intérieurs deviennent d'imprenables refuges, peut-être pourrions-nous renouer avec le plaisir de bavarder sur le perron ? Nul n'est tenu d'être confiné à la solitude tout en étant entouré de gens.

Je trouve déplorable que l'individualisme remplace trop souvent l'entraide dans les petites et les grandes actions du quotidien. La couverture que font les médias des gestes d'entraide donne à penser que celle-ci ne se manifeste plus que lorsque surviennent des cataclysmes, comme les tremblements de terre ou les inondations, et des catastrophes comme celle du 11 septembre 2001. Pourtant, l'entraide existe depuis la nuit des temps. Il est crucial qu'elle demeure à l'ordre du jour. Le plaisir du partage demeure un des bonheurs de la vie.

Une chose me rassure tout de même : on dit que les grimpeurs d'échelons *(fast-trackers)* songent à ralentir et à profiter du moment présent. Les baby-boomers goûtent de plus en plus aux joies des activités familiales, de la fréquentation des centres de santé, des week-ends de détente, de la pratique du yoga et de la méditation. Ils devraient bientôt être suffisamment détendus pour avoir envie de se parler, d'apprendre à se connaître et de chercher comment ils pourraient s'entraider.

Les personnes âgées, c'est bien connu, aiment se raconter. Elles ont d'ailleurs un savoir immense à partager. Puissent-elles se rapprocher des jeunes, les écouter, voire leur servir de modèles. Garder le contact sera assurément la devise des aînés, de plus en plus nombreux, et toutes les sphères de la société profiteraient grandement de la richesse de cette mémoire. Le réseautage prendra ici toute son importance.

Je vous invite à utiliser les forums de www.lisecardinal.com pour nous faire part de vos propres conclusions.

BIBLIOGRAPHIE

BABER, Anne et Lynne WAYMON. *Make Your Contacts Count,* Amacom, 2002.

BAKER, Wayne. *Achieving Success Through Social Capital,* Jossey-Bass, 2000.

BÉLANGER, Michel. *Champion de la vente,* Éditions Pro Vente, 1994.

BOE, Anne. *Networking Success,* Seaside Press, 1994.

BRINKMAN, Dr. Rick et Dr. Rick KIRSCHNER. *Dealing With People You Can't Stand,* McGraw-Hill, 2002.

CABANA, Guy. *Attention! Vos gestes vous trahissent,* Éditions Quebecor, 2002.

CARDINAL, Lise et Johanne TREMBLAY. *Réseautage d'affaires : mode d'emploi.* Éditions Transcontinental et Éditions de la Fondation de l'entrepreneurship, 2000.

CARDINAL, Lise. *Comment bâtir un réseau de contacts solide,* Éditions Transcontinental et Éditions de la Fondation de l'entrepreneurship, 1998.

COHEN, Don et Laurence PRUSAK. *In Good Company,* HBS Press, 2001.

CONNOR, Dick et Jeffrey P. DAVIDSON. *Marketing Your Consulting and Professional Services,* Wiley, 1997.

DARLING, Diane. *The Networking Survival Guide,* McGraw-Hill, 2003.

DAVIDSON, Jeffrey P. *Power and Protocol for Getting to the Top,* Shapolsky Publishers, 1993.

DEMARAIS, Ann et Valerie WHITE. *First Impressions*, Bantam Books, 2004.

DIAMOND, Jared. *Guns, Germs, and Steel: The Fates of Human Societies*, W.W. Norton, 1999.

DUBRIN, Andrew J. *Stand Out!*, Prentice Hall, 1993.

DUSSAULT, Louis. *Le protocole : instrument de communication*, Protos, 1995.

EASTO, Larry. *Networking Is More Than Doing Lunch*, McGraw-Hill Ryerson, 1999.

FINLAYSON, Andrew. *Questions That Work*, Amacom, 2001.

HEDGES, Burke. *You, Inc. : Discover the C.E.O. Within*, INTI Publishing, 1996.

KELLER, Ed et John BERRY. *The Influentials*, Free Press, 2003.

LAFRANCE, Marcel. *Mentors recherchés*, Éditions Transcontinental et Éditions de la Fondation de l'Entrepreneurship, 2002.

LAINÉ, Sylvie. *Le relationnel utile*, Les Éditions Demos, 2000.

LANG, Doe. *The New Secrets of Charisma*, Contemporary Books, 1999.

LÉGARÉ, Sylvie. *Le marketing de soi*, Éditions Transcontinental, 2000.

LEWICKI, Roy J., Alexander HIAM et Karen WISE OLANDER. *Think Before You Speak*, Wiley, 1996.

LOWNDES, Leil. *How to Talk to Anybody About Anything*, Citadel Press Book, 1996.

MANDELL, Terri. *Power Schmoozing*, First House Press, 1993.

MARTINET, Jeanne. *The Art of Mingling*, St. Martin's Press, 1992.

MELOCHE, Hélène, Christie STERNS et Lynda GOLDMAN. *Succès sur ordonnance : comment établir de bonnes relations dans les industries pharmaceutique et biotechnologique*, Helix Publishing, 2004.

MISNER, Ivan R. et Don MORGAN. *Masters of Networking*, Bard Press, 2000.

MISNER , Ivan R. et Robert DAVIS. *Business by Referral*, Bard Press, 1997.

N'HA SANDRA, Jaida. *The Joy of Conversation*, Utne Reader Books, 1998.

NIERENBERG, Gerard I. et Henry H. CALERO. *How to Read a Person Like a Book*, Barnes & Noble, 1994.

PETERS, Tom. *Re-imagine! Business Excellence in a Disruptive Age*, Dorling Kindersley, 2003.

PHILLIPS, Gerald M. *Help for Shy People*, Barnes & Noble, 1993.

PIERSON, Marie-Louise. *Intelligence relationnelle,* Éditions d'Organisation, 2000.

PINSKEY, Raleigh. *101 Ways to Promote Yourself,* Avon Books, 1997.

PORTER, Shirley, Keith PORTER et Christine BENNETT. *Me, Myself, & I, Inc.,* Impact Publications, 1998.

POULIN, Diane, Benoît MONTREUIL et Stéphane GAUVIN. *L'entreprise réseau,* Publi-Relais, 1994.

RIES, Al et Jack TROUT. *Positioning: The Battle for Your Mind,* McGraw-Hill, 2001.

RINGER, Robert J. *Winning Through Intimidation,* Funk & Wagnalls, 1974.

ROANE, Susan. *How to Work a Room,* Quill, 1988.

ROANE, Susan. *The Secrets of Savvy Networking,* Warner Books, 1993.

ROANE, Susan. *What Do I Say Next?,* Warner Books, 1997.

ROLLER, David. *How to Make Big Money in Multi-Level Marketing,* Prentice Hall, 1989.

SAHNOUN, Pierre. *Trouver un emploi par relations,* Éditions Rebondir, 1996.

SANDERS, Tim. *Love Is the Killer App: How to Win Business and Influence Friends,* Crown Business, 2002.

SAXON, Bret et Steve STEIN. *The Art of the Shmooze,* Spi Books, 1997.

SOBEL, Andrew. *Making Rain: The Secrets of Building Lifelong Client Loyalty,* Wiley, 2003.

SOULEZ, Bettina. *Cultivez votre réseau relationnel!,* Éditions d'Organisation, 2002.

STANLEY, Dr. Thomas J. *Networking With the Affluent,* McGraw-Hill, 1993.

TULLIER, Michelle L. *Networking for Everyone!,* Jist, 1998.

VERLEY, Régis. *J'ai l'esprit réseau,* Éditions d'Organisation, 2002.

VILAS, Sandy et Donna FISHER. *Power Networking,* Mountain Harbour, 1992.

WILSON, Jerry R. *Word-of-Mouth Marketing,* Wiley, 1994.

YOUNG STEWART, Marjabelle et Marian FAUX. *Executive Etiquette in the New Workplace,* St. Martin's Press, 1996.

LES RÉSEAUX D'ENTREPRISES

Si vous fréquentez un tant soit peu les réseaux d'affaires, vous avez certainement entendu une profusion de termes : réseaux d'entreprises, marketing en réseau, travail en réseau, voire réseau virtuel.

La profusion de termes semblables n'est pas étrangère à la confusion qui règne aujourd'hui dans le beau monde du réseautage. Je vais d'abord tenter, dans un premier temps, de faire la différence entre les réseaux relationnels et les réseaux d'entreprises.

Un peu de sémantique

Alors que le réseau relationnel est un groupe de *personnes* qui s'aident mutuellement à aller de l'avant plus rapidement et plus facilement, le réseau d'entreprises est *un groupe d'au moins trois chefs d'entreprise* qui coopèrent ou partagent des ressources afin de réaliser un *projet commun*. Je cite quelques exemples : soumissionner sur un projet qui demande des expertises variées, améliorer leur compétitivité, réaliser des économies d'échelle au moyen d'achats regroupés.

Ce type de réseau permet à la petite entreprise et à la micro-entreprise de conserver leurs principaux atouts – notamment la souplesse et la capacité d'innovation –, tout en leur donnant la possibilité d'élargir leurs capacités et de disposer d'une plus grande marge de manœuvre. C'est drôlement précieux dans un contexte de mondialisation et de resserrement du capital financier pour augmenter sa compétitivité et son savoir tout en réduisant les risques.

Qu'ont en commun les réseaux de personnes et les réseaux d'entreprises? À mon avis, la profondeur et l'entretien des premiers facilitent largement la formation des seconds. En fait, même si ces «mariages» ont, au départ, une durée prédéfinie, ils ne se font pas facilement.

Avant même de songer à «marier» des entreprises, les chefs de ces entreprises ou les membres de la haute direction ont avantage à multiplier les lieux et les occasions de se «courtiser» en vue de mieux se connaître. Après tout, l'entrepreneur est, presque par définition, un individualiste souvent réfractaire au partage du pouvoir. Quiconque veut l'inciter à travailler en réseau devra se lever tôt et, surtout, lui démontrer que c'est le moyen incontournable de demeurer compétitif et profitable.

Robert, contracteur en ferblanterie, s'était laissé convaincre par un fonctionnaire du ministère de l'Industrie et du Commerce du Québec, (maintenant le ministère du Développement économique et régional) de faire la connaissance de Germain, entrepreneur de même taille œuvrant dans la fabrication d'équipement de restaurant, et de Louis, autrefois gestionnaire de projets pour une importante compagnie de construction, devenu consultant auprès d'architectes. L'objectif était d'amener ces trois hommes, qui ne se connaissaient ni d'Ève ni d'Adam, à former une entreprise *virtuelle* en vue de soumissionner sur un projet où la combinaison de leurs expertises était considérée comme la formule gagnante.

Le fonctionnaire les avait réunis pour une partie de golf qui se voulait amicale et exploratoire. Deux heures ne s'étaient pas écoulées que Louis savait qu'il ne s'entendrait jamais avec Germain, un introverti qui n'arrivait pas à exprimer clairement sa philosophie de vie. Robert, plutôt près de ses sous, a mal digéré l'addition qu'il a dû régler avant de partir.

À l'instar des réseaux interpersonnels, il n'existe pas de forme idéale de réseau d'entreprises. Chacun possède sa personnalité puisque, avant tout, un réseau est un système humain centré sur des relations personnelles. D'après le Groupement des chefs d'entreprise, les sept facteurs favorables à la formation d'un réseau d'entreprises sont les suivants :

1. la volonté de partager ;

2. une bonne connaissance de ses capacités et de ses limites ;

3. le choix éclairé des partenaires ;

4. une compréhension mutuelle des forces et des faiblesses de chaque partenaire ;

5. la complémentarité des partenaires dans la réalisation du projet ;

6. des objectifs clairement définis ;

7. l'enthousiasme de tous les partenaires.

Et j'ajouterais : un partage de valeurs fondamentales et la confiance mutuelle. Plusieurs « fiancés » ont changé d'idée au moment de montrer leur bilan.

Même s'ils avaient l'habitude de faire un voyage de pêche ensemble tous les ans depuis 10 ans, Jean et Jérôme n'avaient jamais discuté de leur véritable situation financière. Ce qui a fait dire à l'un d'eux, à qui on avait proposé un projet d'entreprise qui aurait nécessité la participation financière de son ami : «Nous ne nous sommes pas "courtisés" assez longtemps et, même durant ce temps, nous n'avons jamais discuté des vraies affaires. »

Anatomie du réseau d'entreprises

Travailler en réseau consiste essentiellement à tisser des liens avec différents partenaires, qu'ils soient clients, fournisseurs ou concurrents. On distingue trois types de réseaux :

1. le réseau *vertical* regroupe des clients ou des fournisseurs ;

2. le réseau *horizontal* regroupe des concurrents ;

3. le réseau *diagonal,* ou intersectoriel, regroupe des entreprises qui ne sont ni en relation ni en concurrence (par exemple un designer, un manufacturier de meubles et un détaillant de bois).

Un réseau d'entreprises ne se forme pas par hasard. Généralement, certains éléments déclencheurs favorisent sa formation. Peut-être vous reconnaîtrez-vous dans l'une des cinq situations suivantes proposées par M. Jacques A. Bélanger, spécialiste en la matière :

1. L'évolution d'une relation établie
Depuis longtemps, votre entreprise s'approvisionne chez le même fournisseur. D'un commun accord, vous décidez qu'un rapprochement serait profitable. Pour vous, il pourrait s'agir d'une réduction du coût d'approvisionnement et la garantie de non-rupture de stock. Pour votre fournisseur, cela pourrait se traduire par une augmentation de volume et l'assurance de pouvoir compter sur votre fidélité.

2. Un événement déclencheur
L'occasion du siècle se présente et vous savez que vous ne pourrez en profiter seul. En vous alliant à des concurrents, vous arriverez ensemble à répondre à un appel d'offres que vous n'auriez même pas pu considérer autrement.

3. La recherche d'une solution

L'analyse stratégique des capacités de votre entreprise met en lumière des lacunes que vous souhaitez combler. Par contre, vous ne voulez ou ne pouvez y remédier seul. Par exemple, vous détenez l'expertise mais manquez d'équipement ou de personnel.

4. Un coup de foudre

Vous rencontrez quelqu'un dans une foire commerciale ou en vacances avec lequel vous vous entendez comme... larrons en foire. De plus, vous voyez rapidement se dessiner une collaboration fructueuse. Permettez-moi une mise en garde : aussi bonne que soit la chimie, il vaut mieux prendre le temps de se fréquenter avant de se marier. Peut-être qu'une partie de golf vous aiderait à mieux connaître votre futur partenaire ?

5. Une offre de parrainage

Il arrive que l'idée ne vienne pas de vous. Imaginez par exemple qu'une entreprise jouissant d'une excellente réputation vous propose de former un groupe dans votre région autour d'un projet moteur. L'industrie éolienne dans la péninsule gaspésienne et la restauration d'un bâtiment après un sinistre illustrent bien ce type d'occasion mobilisatrice.

Particularités du réseau d'entreprises

C'est votre expertise qui compte, non votre chiffre d'affaires. Jacques A. Bélanger insiste d'ailleurs sur le contexte particulier des réseaux d'entreprises : les rapports de force y sont sensiblement différents de ceux qu'on trouve à l'intérieur de l'entreprise. Le fournisseur devient partenaire de celui qui était son client, et la taille des partenaires a peu d'importance en ce qui concerne la prise de décision.

Pour réussir dans un réseau d'entreprises, il faut avant tout se connaître, connaître les règles du jeu (c'est-à-dire savoir dans quoi on se lance), déterminer ses compétences distinctives, ses limites ainsi que le temps et les ressources que nous pouvons y consacrer.

Attitude et comportement réseau

Les personnes qui ont acquis une attitude et un comportement réseau auront sans doute moins de difficulté à joindre un réseau d'entreprises puisqu'elles possèdent déjà des habiletés interpersonnelles et savent mettre l'accent sur des valeurs comme l'esprit d'ouverture, la confiance, la solidarité et le partage.

J'ai écrit abondamment sur ces éléments dans *Comment bâtir un réseau de contacts solide* et creusé davantage dans les ateliers Attitude Réseau et Comportement Réseau donnés par mon entreprise.

Ça vaut aussi pour les travailleurs indépendants

À ce propos, beaucoup de travailleurs indépendants gagneraient à miser sur ces valeurs et à cesser de voir le partage de contacts ou d'expertises comme des fuites de renseignements. Qu'on se le dise : on ne gaspille pas ses contacts en les partageant. De plus, mieux vaut partager un bon filon à deux ou à trois tout en conservant le contrôle que de le perdre faute de ressources pour l'exploiter.

De plus en plus nombreux à travailler en solo, les travailleurs indépendants peuvent facilement adopter la formule des réseaux d'entreprises et ainsi participer à la réalisation de projets d'envergure. Certains domaines s'y prêtent mieux que d'autres, notamment ceux de l'édition, des technologies et des communications, où l'on compte davantage de pigistes que d'employés permanents ! Dans cette optique, un rédacteur, un réviseur, un photographe et un graphiste peuvent devenir partenaires pour la production d'un bulletin mensuel ou d'un catalogue. Ce qui sera impossible s'ils se tiennent à distance l'un de l'autre sous prétexte qu'ils sont à la recherche des mêmes clients.

De la même façon, des confrères d'un même secteur ont tout intérêt à faire plus ample connaissance. Si vous devez refuser des contrats faute de temps pour les honorer, imaginez les possibilités qui s'offrent à vous si vous pouvez compter sur des confrères avec qui vous avez établi une bonne relation! C'est ce que fait Ghislaine, consultante en gestion. Elle laisse rarement filer un contrat parce qu'elle peut compter sur un ou deux collègues qui feront le travail avec elle.

Je me demandais pourquoi une de mes clientes confiait la gestion de son système informatique à une grosse firme alors qu'elle aurait pu faire effectuer le travail à bien meilleur coût par les mêmes pigistes qui travaillent sur le mandat pour ces mêmes firmes. Elle m'a confié que, si jamais l'un d'eux lui faisait faux bond, la firme serait en mesure de le remplacer rapidement alors qu'elle n'aime pas être à la merci d'un seul professionnel.

Les choses pourraient être différentes si, au moment de faire son offre de services, le professionnel assurait le client d'une solution de rechange s'il devait lui arriver un pépin en cours de mandat.

Où trouver des partenaires potentiels?

Aussi bien demander où trouver des contacts! Vos réseaux de contacts personnels, les foires commerciales, les associations professionnelles, les bases de données comme celles du CRIQ (Centre de recherche industrielle du Québec) et Internet sont autant de sources où vous pouvez puiser.

Si vous dirigez une micro-entreprise et que vous vous demandez encore ce qu'un réseau de travailleurs indépendants peut vous apporter, retenez que plusieurs des membres qui s'y trouvent ne demanderaient pas mieux que de faire équipe avec vous. D'ailleurs, plusieurs ont déjà œuvré au sein de petites entreprises et en connaissent bien les enjeux.

La liste des réseaux structurés s'allonge chaque jour, et chacun peut y trouver la formule qui lui convient le mieux.

Enfin, les intervenants en développement économique, votre banquier ou votre comptable comptent peut-être parmi leurs clients des candidats potentiels. La meilleure façon d'en profiter est de leur faire part de vos besoins et de vos projets, car ces professionnels sont déjà bien au courant de vos affaires. Mais il est contre-indiqué, pour des raisons stratégiques évidentes, de divulguer à tout vent l'objet détaillé de votre recherche.

Comment choisir ses partenaires ?

L'une des différences notables du réseau d'entreprises par rapport au réseau relationnel réside sans doute dans la durée et la nature de l'engagement. Il est nettement plus facile, et moins grave sur le plan des conséquences, de se défaire d'un contact que d'un partenaire d'affaires. Le choix des partenaires représente donc la pierre angulaire d'un solide réseau d'entreprises.

Selon notre spécialiste des réseaux d'entreprises, trois réseaux sur quatre échouent à cause d'une trop grande précipitation ou d'un manque de discernement dans le choix des partenaires.

C'est ce qu'on appelle le phénomène de la lune de miel, où les partenaires potentiels ne voient que les occasions d'affaires à venir et préfèrent ignorer, consciemment ou non, les obstacles mineurs. Or, ceux-ci risquent fort de devenir des irritants majeurs si les partenaires ont négligé de leur accorder un tant soit peu d'attention.

Le temps doit faire son œuvre. Il peut facilement s'écouler de deux mois à deux ans avant qu'on trouve les bons partenaires.

Les 3 éléments incontournables

1. Dressez le profil du partenaire

Au départ, il faut établir le profil de la personne ou de l'entreprise avec laquelle on aimerait faire des affaires. Il ne s'agit pas ici de dresser un portrait-robot d'une personne aussi exceptionnelle qu'introuvable, mais d'établir des limites morales.

Jean-Claude, un consultant en informatique, s'est vite refroidi lorsqu'il a constaté que son futur partenaire avait pour politique de convoquer tous ses fournisseurs en même temps afin d'obtenir le plus bas prix possible de l'un d'eux, au mépris de toute autre considération.

2. Prévoyez une période de « fréquentations »

La période des fréquentations facilite l'examen de certains éléments qui ne s'évaluent qu'avec le temps, tels :

- la vision de l'entreprise et ses valeurs ;
- l'attitude du partenaire à l'égard des clients et des fournisseurs ;
- la philosophie de gestion ;
- la capacité de gestion ;
- l'ouverture d'esprit ;
- l'honnêteté ;
- l'ambition ;
- le sérieux à l'égard du projet.

Dès le départ, il faut tracer les limites à partir de critères au-delà desquels nul compromis ne saurait être accepté. Ce qui ne veut pas dire que le partenaire idéal doive être parfait. En effet, plus vous ferez preuve de patience, de tolérance et d'ouverture d'esprit, meilleures seront vos chances de trouver le candidat rêvé. Méfiez-vous des premières impressions qui, en matière de sélection de partenaires, pourraient vous faire passer à côté de la perle rare. Un raseur passé maître dans son domaine vaut certainement mieux qu'un conteur-né dont l'entreprise va à vau-l'eau.

3. Acceptez que beaucoup de vos rencontres ne mènent pas à un partenariat

Un manque d'intérêt, une incompatibilité immédiate ou d'autres facteurs qui contreviennent à votre liste d'incontournables constituent autant de causes qui peuvent tuer dans l'œuf le meilleur projet de partenariat.

La démarche, vous l'aurez compris, peut s'avérer profitable à plus d'un titre. La recherche de clients, de mandats ou de partenaires pour un projet peut s'articuler de la même façon, avec un égal succès. Vous pourriez avoir perdu un partenaire potentiel mais gagné un ami.

Le petit cardinal

Cet oiseau est devenu, au fil des ans, le symbole du réseauteur.

Porté sous forme d'épinglette, il permet à ceux qui ont suivi nos formations de se reconnaître et de réseauter, et à tous ceux qui le portent d'exprimer ouvertement leur désir de tisser des liens avec le plus de gens possible.

Cette épinglette signale que vous êtes une personne ouverte et agréable à fréquenter. En allant vers vous, les gens seront assurés d'être bien accueillis.

Cardinal : Passereau d'Amérique, dont le mâle a un plumage rouge écarlate. *(Le petit Larousse)*

Pour se procurer l'épinglette **petit cardinal** : www.lisecardinal.com

www.lisecardinal.com

lisecardinal.com est le site francophone par excellence du réseautage responsable et durable. Visité mensuellement par des dizaines de milliers d'internautes, il se veut un carrefour d'idées et de références où chacun peut découvrir tout le potentiel de son réseau. Vous y trouverez notamment des éditoriaux rédigés par des champions réseauteurs, les cardinalités, des trucs pratiques super efficaces, ainsi que le calendrier de nos activités et forums de discussion.

Bulletin

Recevez par courriel notre bulletin mensuel. Il vous annonce les primeurs et toutes les nouveautés apportées au site. Dynamisez vos échanges, faites du réseautage un mode de vie ! Pour recevoir notre bulletin: lise@lisecardinal.com.

Conférences

Spécialistes du réseautage responsable et durable, nous offrons une série de conférences portant sur des thèmes associés à ce sujet. Pour les connaître, consultez nos services sur www.lisecardinal.com.

Ateliers

Notre équipe de formateurs propose plusieurs ateliers interactifs, publics ou privés, adaptés à la réalité et aux besoins des clients.

Quand le succès est affaire de réseau

Atelier de 3 heures. Peut accueillir jusqu'à 40 participants.
- ➲ Qu'est-ce qu'un réseau et quels sont ses avantages ?
- ➲ Quelle est l'importance du réseautage ?
- ➲ Comment évaluer son réseau personnel et professionnel actuel ?
- ➲ Comment faire une première bonne impression ?
- ➲ Comment se présenter efficacement ?
- ➲ Quoi investir dans son réseau personnel et professionnel ?

L'étiquette du réseautage

Atelier de 3 heures. Peut accueillir jusqu'à 25 participants à un cocktail accompagné d'un repas.
- ➲ Qu'est-ce que l'étiquette ?
- ➲ Quels bénéfices peut-on retirer de l'étiquette du réseautage ?
- ➲ Comment vous démarquer par vos bonnes manières au restaurant, de la réservation à l'addition, ou encore à des réceptions et cocktails d'affaires ?
- ➲ Quoi offrir comme cadeaux et comment ?

Et des nouveautés pour vous distinguer :
- ➲ L'étiquette au golf
- ➲ L'étiquette des communications : courrier électronique, téléphone, messagerie vocale et autres ;

Attitude Réseau

Atelier de 7 heures. Peut accueillir 20 participants.
- ➲ Qu'est-ce que le réseautage durable et responsable ?
- ➲ Comment gérer efficacement vos réseaux personnel et professionnel ?
- ➲ Comment déterminer vos besoins et objectifs ?
- ➲ Comment et pourquoi identifier et qualifier vos contacts ?
- ➲ Comment développer et appliquer vos habiletés sociales ?
- ➲ Comment bien circuler en milieu étranger ?
- ➲ Comment choisir et utiliser stratégiquement vos suivis ?
- ➲ Quels sont les outils pratiques vous permettant de gérer votre réseau et vos contacts ?

Comportement réseau

Atelier de 7 heures. Nombre illimité de participants.

Il s'adresse aux personnes qui souhaitent établir des rapports satisfaisants avec les gens. Que ce soit pour braver la timidité ou réduire les pulsions de l'ego, les méthodes suggérées faciliteront les échanges et l'atteinte des objectifs.

- ➲ Comment se connaître pour mieux se faire reconnaître ?
- ➲ Comment et pourquoi connaître les autres ?
- ➲ Quels sont les avantages de la communication verbale et non verbale ?
- ➲ Comment vaincre votre timidité une fois pour toutes ?
- ➲ Comment demander et obtenir des références ?
- ➲ Comment laisser une bonne impression mémorable ?
- ➲ Comment naviguer avec confiance parmi les gens ?
- ➲ Comment laisser le temps travailler pour vous ?

Programme unique de formation croisée

Pour amener le personnel des entreprises à tirer profit de leur réseau de contacts et à dynamiser leurs relations professionnelles, nous proposons une démarche d'apprentissage moderne et éprouvée combinant efficacement formation en ligne et en personne.

Nos formateurs chevronnés accompagnent et optimisent l'intégration du savoir et du savoir-faire des participants, individuellement ou en groupe, selon les approches d'apprentissage suivantes :

- ➲ **En ligne :** un éventail d'outils comprenant des lectures, des exercices et des mises en situation révélatrices pour les participants.
- ➲ **En personne :** des ateliers interactifs sur mesure et intercalés durant le programme, qui regroupent tous les participants.
- ➲ **Suivi personnalisé :** nous offrons également, à la carte, un service complémentaire hautement personnalisé.

Une formation incontournable pour toute entreprise qui souhaite que ses employés participent agréablement et efficacement au développement des affaires.

Pour plus d'information, communiquez avec :
Lise Cardinal
Lise Cardinal et associés
2067A, rue Saint-Urbain
Montréal (Québec) Canada
H2X 2N1

Téléphone : 1 514 286-0032 • Télécopieur : 1 514 286-4365
lise@lisecardinal.com

Services offerts par Roxane Duhamel

Présidente de RD MARCOM, Roxane Duhamel est spécialiste en communication et marketing. En outre, elle est gestionnaire de projet du programme de formation croisée et formatrice de Lise Cardinal et associés.

Elle offre les services suivants :

‹ Élaboration et implantation de plans marketing et de communication d'entreprise ;

‹ Préparation de dossiers de candidature d'entreprises et d'individus se présentant à des concours d'excellence ;

‹ Conseil en gestion d'événements corporatifs et commerciaux.

‹ Coaching sur les différentes facettes et outils du marketing et de l'image de soi, grâce à un accompagnement individuel adapté.

On peut la joindre à : rxduhamel@lisecardinal.com

COLLECTION ENTREPRENDRE